LA VILLA 311

Javi Caballero

LA VILLA 311

1ª edición: febrero 2024

©Javier Caballero Núñez, 2023
Ilustración de cubierta: ©María Madriguera

Volapük Ediciones
A.C. Libros Volapük
www.volapukediciones.es

Diseño editorial: María Pérez Cózar
Correcciones: Sergio Higuera Barco
Imágenes interiores: Javi Caballero

ISBN: 978-84-126537-1-7
Déposito legal: GU 185-2023
Impreso por Ulzama Digital (Huarte, Navarra)
Impreso en España

a ese lugar trágico
y maravilloso

Índice

«Lo lleva el presentimiento
de que en aquel potrerito,
no existe ya el bulincito,
que fue su único ideal»

El Ciruja
Carlos Gardel

Los famas, para conservar sus recuerdos proceden a embalsamarlos en la siguiente forma: Luego de fijado el recuerdo con pelos y señales, lo envuelven de pies a cabeza en una sábana negra y lo colocan parado contra la pared de la sala, con un cartelito que dice: «*Excursión a Quilmes*», o: «*Frank Sinatra*». Los cronopios, en cambio, esos seres desordenados y tibios, dejan los recuerdos sueltos por la casa, entre alegres gritos, y ellos andan por el medio y cuando pasa corriendo uno, lo acarician con suavidad y le dicen: «*No vayas a lastimarte*», y también: «*Cuidado con los escalones*». Es por eso que las casas de los famas son ordenadas y silenciosas, mientras en las de los cronopios hay gran bulla y puertas que golpean. Los vecinos se quejan siempre de los cronopios, y los famas mueven la cabeza comprensivamente y van a ver si las etiquetas están todas en su sitio.

Conservación de recuerdos,
Historia de Cronopios y de Famas
Julio Cortázar

deAtRásSiemPRehaciaDeLanTe

Algo menos de tres años viviendo a cincuenta y tantos kilómetros al norte de Buenos Aires, bastaron para
enamorarme de sus entresijos. La gente linda que conocí, las historias que contaban, los espacios y paisajes,
el inventario extraordinario de sus esperanzas y lamen-
tos, conformaron la idea. Todo comenzó en un potrero
ubicado a unas cuadras de mi casa, el día en que algunos
vecinos me llevaron a jugar una pachanga. Vivir en una
villa de emergencia cambió mi mirada para siempre,
me preparó para lo inadvertido, me hundió en el instante y me transformó en un animal comunitario. En
ella me encontré a salvo, y comprendí de primera mano
las dificultades del inmigrante, del sinpapeles, del des-
cendiente indígena, del asalariado negro, de la familia
sin recursos, del chabón que cultiva en su patio cinco
plantas de marihuana para condimentar un sueño, del
mecánico callejero, del vendedor ambulante, del vigilante de obra, de la mucama prodigiosa, de la kiosquera
y su ventana, y de tantos otros y otras venidas de mil y

un lugares diferentes para conspirar juntos un paraíso cercano. Ya nunca me marché de allá, y a donde voy, promulgo la verdad de su existencia.

JAVI CABALLERO
Sevilla, 2023

Los tres amigos

Una niebla espesa cubre la maraña de casas de chapa y ladrillos, salpicadas, ocultas, por árboles imponentes. Pugna con el sol del amanecer y se consume, desdibujando las calles sin asfaltar, golpeando a los gallos dormidos que ya estuvieron cantando hace unas horas a las estrellas fugaces. Por una de ellas camina un niño que lleva en sus manos unas botas de fútbol, raídas y sin cordones. Tras él, un perro lleno de costras va enseñándole los dientes a cuantos perros ladran tras los portones. Los perros callejeros abren los ojos bajo los autos abandonados o en medio de las veredas y, después, se vuelven a dormir. Las casas son pobres y coloridas, adornadas en exceso por la necesidad, con parrillas improvisadas en bidones y hornos de losa y cemento, con ventanas inexistentes o enrejadas con barrotes rotundos y cartones, saturadas de flores y basura, alguna custodiando la imagen de un Gaucho Gil o de la Santa Muerte, acumulando en sus patios somieres, tablones y ruedas, para escarbar unos pesos a la Municipalidad. De una de ellas salió el niño, que ahora dobla una esquina desembocando en la plaza.

Ya la atraviesa, hacia el potrero arenoso henchido de charcos. Allá le esperan otros dos niños, igual de anticipados y somnolientos. Una jauría de perros bordea el otro lado de la plaza, acechando la carnicería. El perro lleno de costras se les une. Hace frío. Los tres niños se saludan. De lejos podrían parecer hermanos, pero en la proximidad las diferencias no se solapan.

—¡Lo conseguiste, gil! —grita uno de ellos.

Es el más alto de los tres. Tiene el rostro muy moreno, los ojos azules y una herida en los labios, que se chupa con la lengua.

—Ya se los dije. No tienen cordones. Mi papá me las consiguió —responde, antes de saludarles estrellando los puños y dejando las botas sobre la tierra—. Son del hijo de un médico del hospital al que va.

El niño se frota las manos para calentarlas. No es tan moreno ni tiene los ojos azules, aunque los rasgos de su cara se asemejan.

—Ya traje yo los cordones —dice el otro, tocándose la herida del labio—. Se los he sacado a mi tío Lucho de los zapatos. Son muy finos, pero servirán.

—Yo traje unas medias —añade el tercero, con timidez, sosteniendo en una mano una bola de tela—. Me las regaló el viejito de la casa de los vidrios.

Es el más pequeño de los tres. Su mirada viva se oculta por una mata de pelos despeinados y sucios. El del labio partido le quita la bola y extiende las medias en el aire.

—No sirven, pelotudo —le reprocha, revisando los agujeros.

—Y qué más te da, chabón, repiola —dice el que trajo las botas—. Unas medias son unas medias. ¿Cómo hacemos para sortear?

El sonido de una moto rasga el aire. Varias siluetas aparecen entre la niebla para extraviarse en su invención. La Villa 311 duerme sin reparos. Es domingo, y la resaca de vino barato y primavera se extenderá hasta el mediodía. Cientos de bolsas de plástico cubren la plaza formando una cincha de colores inverosímil. El potrero se ubica en el centro, con las porterías de madera pintadas de blanco, latiendo, las líneas sinuosas de cal, custodiado por palmeras y eucaliptos, como un corazón.

—Corremos hasta la portería y regresamos. El que primero llegue, gana —propone el que trajo los cordones.

—Pero puede haber trampas —avisa el que trajo las medias.

—Vos corrés más que nosotros —dice el que trajo las botas—. Mejor hacemos una rayita y tiramos un peso.

Los dos primeros se miran, y el tercero sonríe con picardía.

—¿Pero tenés monedas, boludo? —pregunta el de los cordones

—No —admite el de las botas, desengañado.

—Pues entonces pensamos otra cosa —sugiere el de las medias.

Los niños no se deciden, aunque han de darse prisa. Pronto pasará el colectivo que uno de ellos ha de tomar. Concentrados, no ven que un tero se posa en una vereda próxima, con las alas dobladas, ni escuchan un grito de mujer que desfigura el viento del sur.

—El que meta el cuero por la escuadra —propone de nuevo el de las botas.

—¿Y si metemos los tres? —cuestiona el de las medias.

—Se repite —zanja el de los cordones.

—Dale, me parece bien —afirma el de las medias.

—A mí también —concluye el de las botas.

Los tres observan a su alrededor, buscando una pelota, pero ninguno la distingue, porque ninguno la trajo. De este modo se ríen antes de dividirse y correr hacia las casas que rodean la plaza buscando una. El que trajo los cordones silba. Ya la encontró.

Ahora viene la disputa por unir los fragmentos, por saber quién tirará primero y establecer la distancia justa; aunque tras varias refriegas, salivazos y empujones, se decide un orden. El que trajo las botas besa la pelota y la sitúa en el punto de penalti. Retrocede unos pasos, se santigua y, tras tomar impulso, la mete limpia por la escuadra. Las botas, los cordones y las medias cambian entonces de pies. El que trajo los cordones duplica la escena. Coloca la pelota, con su ombligo negro dispuesto hacia sí. Mira atentamente el arco, antes de arrancar, y la pone en el mismo lugar. Ya sólo queda el de las medias, que sonríe mientras se calza. Toma en sus manos la pelota y le habla bajito, antes de fijarla sobre la tierra. Coge carrerilla y la mete igual que los otros dos. Por un instante los tres niños se abrazan. Están indistintamente felices, pero luego se separan con lucidez, pues han de reanudar el juego. Durante cuatro rondas multiplican sus nervios, avezados por contra a no rendirse. Las botas siguen cambiando de pies, sumergidas en un torbellino azaroso e igualitario. Pero en la quinta dos de ellos yerran el tiro. Y así, sin más, gana el que trajo las medias, que se arrodilla incrédulo y desenvuelto. Con las botas, los cordones y las medias puestas, corre hacia la parada del colectivo, justo cuando este asoma por la esquina de la plaza.

—Si me agarran en la prueba, prometo devolvéros-la —chilla, antes de subir.

Los dos amigos le observan resignados desde el potrero, silbando y alzando los brazos. Los perros callejeros siguen al colectivo sin dejar de ladrar. El sol corta la niebla como un cuchillo. Un borracho entona una milonga pegajosa, rodeado de una nube de mosquitos, y apenas comienza a los manotazos, tropieza para caer a una zanja.

La redada

El dedo pulgar hace saltar el seguro del fusil de asalto; y, seguidamente, la mano verifica la señal de avance. Varios policías cubren los flancos de la casa, atentos a cualquier movimiento sospechoso. Son las dos de la madrugada y las calles se encuentran completamente a oscuras. Los perros callejeros observan sin ladrar, inteligentes, lúcidos, con las orejas alzadas, sabiendo que si no lo hacen así dispararán contra ellos y chau. En las ventanas de las casas próximas se distinguen siluetas ocultas tras las cortinas. Como llovió por la tarde con fuerza, el suelo de la calle, enfangado, continúa descargando agua en las zanjas de las veredas. Uno de los policías apoya ahora su espalda contra la pared, cerca de la puerta de la entrada. Otro se coloca a su lado, para cubrirle. Algunos más se apostan en la valla del patio y aguardan, apuntando hacia la oscuridad. Un par de bicicletas herrumbrosas, con las ruedas pinchadas, descansan contra el muro y su ubicuidad. Una rata enorme cruza con un hueso en la boca. Por un instante, se queda mirando a los policías antes de trepar con destreza por un cable hasta el tejado de chapa y desaparecer. El policía pega su oreja en la puerta y repite la señal. Entonces su compañero patea la puerta y entra en la casa encendiendo la linterna de su fusil.

—¡Policía! —grita—. ¡Que nadie se mueva o disparo, carajo!

Otros tres policías le siguen. Atraviesan rápidamente la cocina y el salón. En el salón apenas hay muebles. Un sofá, una mesa con cuatro sillas de plástico y una televisión vieja, sobre la que suspiran varias fotografías enmarcadas y un jarrón con petunias y violetas. De las paredes cuelgan algunos recortes de periódico, una lámina de Ernesto Guevara y Camilo Cienfuegos, y una pequeña estantería henchida de libros, formando un extraño altar. La penumbra se hiende con la luz de las linternas. De pronto, aparece un niño por el pasillo restregándose los ojos. Uno de los policías dispara su fusil y la bala perfora la pared apenas a unos milímetros de su cabeza. Otro policía tapa la boca al niño con una mano, mientras que el resto avanzan. Llegan a otra habitación más amplia, separada del pasillo por una tela. Los policías descubren en ella a una mujer que permanece sentada sobre la cama. Sus ojos expresan terror mientras sostiene un bebé en sus brazos. A su lado, un hombre joven, desnudo, duerme sin enterarse de nada. Los policías apartan a la mujer y rodean al hombre sin dejar de apuntarle. Uno de ellos lo zarandea, pero no consigue despertarlo.

—Está curda —explica la mujer.

Bajándose la bragueta del pantalón, el policía comienza a orinar sobre su cara. La mujer chilla y se la llevan fuera. El hombre joven se despierta volteando con asco la cara. Enseguida entiende lo que ocurre y levanta las manos.

—La puta que os parió —dice, susurrando—. ¿No podían llamar ustedes a la puerta como las personas?

Un puñetazo contesta su pregunta.

—Muéstranos lo que guardás en el patio o metemos fuego a la casa —señala el policía—. Dale, puto, vestite.

Omar bosteza con las manos levantadas.

—Les enseño lo que quieran. Pero, por favor, llévense de acá a mi mujer y a mis hijos.

—Dale, hermano, arriba —insiste el policía.

Clavando sus ojos azules en el policía, Omar escupe al suelo.

—Yo no soy tu hermano, colifa. Si no quieren estar toda la noche cavando a tientas, hagan lo que les pido.

El policía asiente y un compañero conduce a la mujer con el bebé y al niño a la calle. Algunos vecinos han encendido ya las luces de sus casas y abren las puertas para presenciar la redada. Varias patrulleras aparcan en la vereda, con las sirenas girando quedamente. Se escuchan gritos y amenazas en las calles contiguas, y los policías comienzan a inquietarse.

Omar se pone una remera y unos pantalones, y los policías le inmovilizan las manos con una brida. Después lo conducen con rapidez al patio trasero y le obligan a arrodillarse. Un gato bufa y se sube de un salto al muro. Suena una radio, y la voz melosa del locutor enhebra a los insomnes.

—¿Dónde guardás la merca? —pregunta un policía.

—Déjenme pensar un momento —contesta Omar, capcioso.

Otro policía le patea por detrás y Omar rueda por el suelo.

—Vamos a encerrarte unos cuantos años; ¿lo sabés, viejo?

Lo ayudan a levantarse. Omar empieza a sonreír.

—Y bueno. La merca pertenece a alguien importante —afirma, tranquilo.

—Vos decinos dónde está y listo —dice el policía que le pateó.

—¿Y si no quiero? —anuncia sin ninguna ingenuidad, borrando de su rostro la sonrisa.

Ahora quien sonríe es el policía.

—Entonces te matamos.

Omar mira fijamente al policía a los ojos, midiéndolo. Enmienda la postura de este y la situación que ambos sostienen. Las armas que le apuntan no son solo un símbolo, y comprende que si afloja será hombre muerto.

—¿Y por qué no le preguntas a tu jefe? Él mismo la custodió desde Paraguay.

El viento enfría sus palabras. Son un escudo provisorio. Todos interpretan el juego, aunque la villa continúa siendo irracional e impulsiva. Le rodean tres policías, otros cinco vigilan la casa. Pero a ellos los cercan cientos.

—Dínoslo, Omarcito —reitera el policía.

—Igual les dan una condecoración por esto —bromea Omar.

—Dale. No tenemos toda la noche. Ya te amuraron; colabora.

Se escuchan más gritos en la calle. Algunas vecinas conducen a su mujer y a sus hijos a una casa situada a media cuadra. Los policías que la custodiaban protestan, aunque no demasiado.

—¿Por qué tanto apuro, che? —dice Omar— ¿Me convidan a un pucho?

El policía parece sopesar sus palabras. No obstante, enseguida se desquita.

—Como sos un pelotudo, querés sudar sangre, ¿verdad? —dice, y le golpea con el fusil en el estómago.

Omar se dobla, tratando de encajar el golpe.

—¿Sabés qué? —dice en cuanto recupera el aliento—. Que os den pero bien por el orto, canas de mierda.

En ese instante, una bala silba y rompe un cristal de la casa. No es una bala perdida. Es el primer aviso de la villa, y los nervios aumentan. Los policías ya no tienen tan claro cómo hacer y apuntan sus armas a todas partes.

—Salgamos ya de acá —propone el policía a sus compañeros—. Lo llevaremos a dependencias. Este poroto hablará allá enseguida. Ya vendremos por la cocaína más tarde.

Sin embargo, todos alcanzan su suerte, y aunque no habrá de donde rascar al optimismo, hallan en esto un filón fundamental. La cocaína no estará después, o para aclarar la cuestión, nunca estuvo antes. De dicha certeza brota un manantial de incertidumbre indecible. Con todo, sacan a Omar detenido, por la puerta de su casa, con una multitud de vecinos observando, indiferentes o no, o mejor dicho, decididamente no. Varias patrulleras más llegan para hacer escolta. Los policías se cubren unos a otros. Se oyen más disparos y gritos en las calles contiguas. Algunos vecinos abren botellas de cerveza, para celebrar aquella noche extraña. Las radios compiten unas con otras por poner a este suceso una canción, en tanto la luna ondea su tibia claridad sobre los tejados de chapas.

—Tranquila, mami —dice Omar a su mujer, antes de que le metan a la fuerza en la patrullera; y como si quisiera que todos le oyeran, añade chillando—. En un par de horas estoy acá de vuelta. Acercate a la panadería, y comprá dos docenas de facturas y hielo para los morados.

La Linda

Una especie de quejido inquebrantable hace oscilar la máquina enorme, tan alta como un edificio de tres plantas. Doscientas mil juntas de soldadura, con un cerebro electrónico, asido a dos brazos formidables que van torneando el metal con la fuerza de cuatro bombas hidráulicas hasta formar un segmento de caño de diez metros de largo por uno y medio de circunferencia, uniendo sin tregua las gruesas láminas de hierro. Tras ella, se sitúan los hornos donde se obtiene la aleación adecuada. La aleación fundida fluye a través de los conductos y va llenando el molde mientras la máquina trabaja. Pero no sola. Decenas de obreros custodian el proceso, como chinches simbióticos que vivieran dentro sus entrañas o sobre su piel, empujando palancas, ajustando tuercas, pulsando botones, controlando válvulas, observando registros y pantallas; oportuna, organizadamente, ciñendo sus sensaciones y sus necesidades, como neurotransmisores en un cerebro. El proceso termina cuando la máquina fija las alas del caño, ensamblándolo con un hilo de jebe incandescente que enfría un chorro de nitrógeno líquido. Esta máquina vale diez millones de dólares, y produce cien metros de caño por jornada, nutriendo de arterias a los oleoductos del continente. Trescientos obreros se reparten entre ella y los hornos, y otros doscientos trabajan en diferentes cadenas de producción y en los almacenes. Los encargados, directivos y personal de administración apenas suman veinte personas, aunque habría que añadir otras cien laburando indirectamente en el transporte de materiales y del producto final. La fábrica es grande y el trabajo no cesa. Tres turnos, trescientos sesenta y cinco días al año; trazando una órbita alrededor del sol.

Marcelo se seca el sudor de la frente con un trapo. El calor roza los cincuenta grados en esa parte de la nave. En la zona de los hornos puede alcanzar los cincuenta y cinco. Sonríe al ver a unos de sus compañeros meterse un ganchito de merca con la uña e inconscientemente se pellizca la nariz. Agarra el casco de seguridad, se lo pone bajo el brazo, y cierra una válvula cuando se ilumina el dispositivo de paso, deslizándose luego por el corredor hacia la escalera. Tiene las espaldas anchas y por ello ha de encoger los hombros para descender desde el primer nivel hasta el suelo. El segmento de caño terminará en unos minutos, y Marcelo y sus compañeros podrán relajarse durante media hora, hasta que la máquina vuelva a cargarse con la aleación fundida.

—¡Euuuu! —grita a un compañero—. ¿Encendió ya el chabón Pérez la parrilla?

El compañero se encoge de hombros. El sonido es ensordecedor. Un chorro de soldadura chisporrotea sobre sus cabezas. Marcelo se cubre la cara y retrocede unos pasos.

—¡Voy poniendo los choris! —vuelve a gritar, aunque nadie le escucha con el ruido.

Marcelo sale de la nave. Las botas de seguridad crujen sobre el cemento del piso. Hay un intercambio de saludos y miradas y un misterio de compañerismo que flota en el aire caliente. Marcha hasta los vestuarios y abre la puerta de su taquilla. Saca una bolsa y la estudia un instante. Consulta el reloj de su teléfono móvil y se sienta para hacerse un liadillo de faso.

Las parrillas se encuentran en uno de los laterales exteriores de la nave y son usadas por cuadrillas de diez o quince trabajadores. El chabón Pérez echa un puñado más de carbón cuando Marcelo le alcanza el liadillo. Agita un trozo de cartón para avivar las ascuas. Tiene cara de niño, aunque las arrugas de sus ojos y sus manos revelan su edad.

—Che, ¿cuántos somos?—pregunta, después de dar varias pitadas profundas.

—Los de siempre, gil —responde Marcelo, tumbándose sobre la hierba.

La temperatura fuera de la nave es un obsequio. La primavera cubre los campos que rodean la fábrica. Ombúes y ceibos dividen las parcelas de los viveros y las casas de madera que los guardan. El sol disipa las nubes que arrastra el viento desde el Paraná. Los perros del vigilante se persiguen, sin advertir un grupo de cuis que sale de su madriguera para recolectar semillas y flores. Todo aquel verde choca con el color gris de la nave. Marcelo se prepara un mate amargo, distraído.

—Marce —dice el chabón Pérez, sacando los chorizos de la bolsa—. ¿Quién se encargaba hoy del pan?

—Yo —aclara un obrero corpulento, al que le cuesta caminar.

Viste un mono de mecánico que matiza su panza prominente, y abraza un saco de papel del que asoman algunas barras. Lleva pelo corto y varios anillos en los dedos. Su rostro bonachón esconde un carácter determinista y pragmático. Marcelo le observa serio. Nadie sabe bien por dónde puede salir el gordo Chorri.

—¿Todo en orden, amigo? —pregunta Marcelo, ofreciéndole un mate.

El gordo Chorri chupa la bombilla con ansia y se lo devuelve. Ahora busca algo en el bolsillo de su mono.

—Y bueno. Parece que tenemos un par de horas para rascarnos las bolas —dice, antes de sonarse la nariz con un pañuelo.

—¿Y eso? —indaga el chabón Pérez, pinchando los chorizos en la parrilla.

—Ordenaron parar.

Marcelo frunce las cejas mientras vierte agua del termo. Ahueca levemente la bombilla y le alcanza el mate al chabón Pérez.

—¿Se estropeó la Linda? —cuestiona.

El gordo Chorri arrastra una silla plegable, se sienta cerca de la parrilla y se pone a contemplar con avidez los chorizos y las ascuas.

—¿Estaría yo acá, entonces? —explica—. Creo que nos vienen puteando de nuevo desde arriba.

Otros compañeros abandonan la nave, dirigiéndose hacia las parrillas. Decenas de obreros esparcen así los rumores, chupando con desidia, alegres, inquietos.

—¿Qué hacés ahí tan repiola? —suelta uno de ellos a Marcelo—. Dejate de mate, hermano. Tomá una birra.

Tiene los ojos verdes, profundos, y mueve en su boca un palillo. Palmea la espalda con fuerza al gordo Chorri, yendo a sentarse después sobre el pasto. Marcelo le ofrece un mate, aunque él lo rechaza.

—¿Sabés cuál es tu problema, Marce? —dice, con ironía.

—Decime, Schopenhauer—refuta Marcelo, sin mirarle.

—Sos un amarrete, amigo. Esos chorizos son pequeños, como tu poronga.

—¿Por qué no te andás a la reconcha de tu madre, Charly? —puntualiza Marcelo con tranquilidad.

—¡Euuu Marcelito! —continúa Charly—. ¿Vos querés ser cocinero?

Todos los compañeros se ríen; también Marcelo. El chabón Pérez conoce ya lo que sigue y calla condescendiente.

—Podés cocinarme esta— indica Charly, luego de desabrocharse los pantalones y enseñar el pene.

—Sos un puto —conviene el gordo Chorri—. Con eso no come ni mi sobrina pequeña.

—Qué sé yo —declara Charly—. Tal vez le guste más a tu mamá.

Suena la sirena de la nave central. Cientos de obreros cruzan la puerta, platicando, dispersándose en cuadrillas, almorzando, preparando mate y pitillos, jugando al fútbol en la explanada, desasistidos, como niños en un recreo. Un par de águilas sobrevuelan la fábrica, haciendo círculos en el cielo.

—Van a despedir a alguien —dice Marcelo, de pronto.

Se dirige hacia la parrilla, después de agarrar el saco de pan. Coge unas tenazas, prende un cigarro con un ascua y lo deja apoyado en el borde de ladrillos.

—¿Dónde se ha metido el representante sindical? —pregunta Charly.

—Hoy tiene el día libre —afirma el gordo Chorri.

—Uhhhhh —censura Charly—. Mirá vos qué carambola.

Charly se levanta también. Marcelo comienza a preparar los choripanes. El gordo Chorri agarra uno sin moverse de la silla.

—Nada de casualidad —opina Marcelo—. Nos están bardeando. Ni subieron el salario ni pagan las horas extras. Al flaco Quico le quitaron la presencialidad por llegar cinco minutos tarde. El mes pasado, dos despidos; y el accidente del viejo Pavesse. En el turno de noche no tienen gente suficiente para manejar la Linda. Menuda baranda.

—¡Los choris ya están! —vocea el chabón Pérez para avisar al resto de la cuadrilla—. Andá Charly, alcanzame una birra.

El gordo Chorri sopla antes de morder. Tiene la boca tan abierta que muestra los canales del paladar.

Ahora mira tan fijo al chabón Pérez mientras mastica, que consigue turbarle.

—Marce, esta tarde me paso por tu casa —dice Charly—. ¿Está Juli con vos?

—Hoy está con su madre.

Charly se sienta en una silla cerca del gordo Chorri. Varios compañeros más llegan a la parrilla y empiezan a comer. La explanada frente a la nave es un hormiguero humano. El guarda de la garita corre detrás de uno de sus perros, que ha robado un cuarto de pollo. Marcelo chasquea sus dedos y ríe, después empuja al chabón Pérez atajado aún por la mirada del gordo Chorri.

—Tenés que prestarme la moladora —concreta Charly.

—Dale, amigo —dice Marcelo.

—Y bueno, ¿a qué hora te viene bien?

—Quiero echarme la siesta. Pasate sobre la siete y cenamos juntos.

—Dale, sobre las siete y media entonces.

—Si querés, venite, gordo—propone Marcelo.

—No, hoy ceno raviolis con mi mamá —informa el gordo Chorri, cogiendo con ansia otro choripán.

Charly abre muchos los ojos en tanto se sube las mangas de la camisa.

— Chorri, sos como la Fosa de las Marianas —dice.

—Tomátela. Esto apenas me tapa una muela.

Todos ríen la broma. Una pelota extraviada rueda por el pasto hasta la parrilla. Marcelo la para con el pie, la levanta, da unos toquecitos con el muslo derecho y la mantiene unos segundos en equilibrio sobre el empeine. Varios obreros alzan la mano en la explanada para sugerirle el pase.

—¿Y vos, chabón? Venite también —dice antes de patear la pelota con fuerza.

—Dale, sí —acepta el chabón Pérez—. ¿Querés que lleve alguna cosa?

—Nah —replica Marcelo—. Encargamos unas pizzas o hacemos milanesas con papas. Juega River contra Independiente.

—¿Pillamos una bolsita para los tres? —sondea Charly.

Marcelo le observa, serio. Una nube con forma de barco cubre por unos segundos el cielo azul.

—Mañana viene Juli. Mejor traete una botella de Fernet y una Coca de dos litros.

—Que mala onda, Marce. Luego andarás del vesre llamando a tu amigo Omar —dice Charly, con todo.

—¡Sos un hinchapelotas, hermano! —chilla Marcelo enfadado.

Charly se ríe con estridencia. Ha conseguido justo lo que quería, y por ello prende otro pucho.

—Pues dejá de tocarte la nariz, narigón.

Las cuadrillas se arremolinan alrededor de las parrillas. Las águilas continúan sobrevolando la fábrica. Pronto las ratas y las iguanas acudirán a pelear por los restos con ellas y el perro del guardia se tumbará junto a la garita para contemplar esta danza macabra. Algunos rostros morenos, entre las flores de los viveros, se levantan de cuando en cuando para saborear el bullicio en la distancia. La carretera Panamericana es una arteria colapsada bajo el sol potente. Los obreros se distancian levemente del trabajo, y hablan de arreglar el tejado de sus casas, de las facturas que tanto cuesta pagar, del lugar a dónde irán de vacaciones o no, de la plata que tratan de reunir para comprarse un auto, con la vieja inventiva de sentirse felices, conmovidos con sus propias vidas, contentos por agarrar diez lucas a final de mes, soñadores hastiados por lo momentáneo y fecundos en su asombro, apaciguados por la nómina, pero no tanto. Porque la sirena calla y seguirá silente todo el día. Sus ánimos velan condescendientes el memorándum. En la nave irán creciendo los rumores, y los encargados bajarán hieráticos de los despachos. Una lotería funesta acaecerá con las horas y se irá extendiendo en la irresolución. Se avisará al siguiente turno con mensajes telefónicos, o a lo peor con cartas, y en los vestuarios todos platicarán del suceso, olvidando que casi existen los milagros.

Poco después, Marcelo, mientras entrega su ficha en la garita de la entrada, verá al chabón Pérez correr a través de la puerta, llegar a su moto destartalada, darle una patada, y llevarse las manos a la cara.

—Euuu... chabón, ¿qué pasa, hermano? ¿Todo bien? —preguntará Marcelo, con preocupación.

Pero el chabón Pérez, después de levantar la moto y examinarla, la arrancará y acelerará sin responder, escupiendo al suelo, sujetado una rabia súbita, arrolladora, que inyectará en sus ojos veneno, cansancio, alcohol y determinismo.

La suerte

Las manos sostienen la pelota; la acompañan al punto de penalti. Antes de posarla sobre el césped, el delantero le susurra algo, torciendo después el gesto, como si la pelota le respondiera. El estadio guarda silencio. Ochenta mil espectadores contemplan atentamente el desenlace; millones a través de las ondas etéreas, prendidas de la ilusión perfecta o el chasco abrupto, ambas situaciones igual de irreales. Es la final de la Liga de Campeones, en cualquier capital europea, y se enfrentan dos poderosos equipos, cargados de historia y triunfos, con presupuestos inmorales aceptados siempre por una connivencia cultural infundada. Estamos en el último minuto de la prórroga y los equipos empatan a cero. Si el delantero acierta el penalti será para él la gloria, si no, habrá de conformarse con la muda sombra de su dignidad. Sin embargo, el delantero ya vivió otras finales, ya ganó innumerables títulos. Es el mejor pagado, el más querido por los aficionados; su imagen publicitaria reporta beneficios astronómicos. Ha jugado en los principales equipos, forjando una carrera meteórica, una leyenda prodigiosa que revolucionó el viejo deporte de masas.

Leandro retrocede unos pasos y se aparta el flequillo de la frente. El portero espera con los brazos extendidos, tratando de adivinar sus intenciones. El árbitro pita y Leandro toma impulso, chuta con fuerza y estrella la pelota contra el travesaño. Falla y cae de rodillas sobre el césped, cubriéndose la cara con las manos. Algunos compañeros le animan, mientras en las gradas se escuchan ráfagas de aplausos y silbidos. El delantero se levanta, calcula su frustración, recordando los ecos de otras victorias, que en este instante de nada sirven.

—Flasheé —dice un jugador del otro equipo—. La vi dentro.

Leandro le observa sin enfado. Son compañeros en la selección de su país y se conocen desde que empezaron a jugar en las categorías inferiores.

—Callá, pelotudo. Y ahora me dirás que estás triste —dice.

—La tuviste —responde el jugador, dándole una palmada afectuosa en la espalda, antes de regresar a su posición.

El último año fue duro y Leandro adolece la lasitud de su trabajo. No el juego en sí, sino el circo que lo rodea. Fue acusado de defraudar a Hacienda, de engañar a su mujer con una conocida modelo y de amar el dinero por encima de sus colores.

Pero Leandro no se rinde. No quiere desprenderse de la suerte que lo acompañó por tanto tiempo, sin una última jugada. El árbitro consulta su reloj. El arquero se prepara para sacar de puerta, lentamente, ganando unos segundos. Las aficiones parecen resignadas al empate, también los jugadores, extenuados tras ciento veinte minutos intensos e insustanciales. Los masajistas se preparan en la banda para atender los músculos distendidos y los entrenadores cierran la lista de jugadores que tirarán en la ronda de penaltis. Leandro estudia fijamente la pelota, en tanto forma en el aire un arco perfecto hasta el centro del campo. Ya no la perderá más de vista. Uno de sus compañeros la rechaza con la cabeza y declina rodando hasta sus pies. Leandro sonríe. Sus botas son a la vez un imán y una herramienta creativa. Levanta la cabeza un instante y dibuja nítidamente una jugada en su imaginación. Ya se le echan encima dos rivales y comienza a correr. Cualquier comentarista argentino, frotándose los ojos y sorbiendo un mate, lo narraría de esta forma:

«Dios devolvió el cuero a la Pulga, que bajó hasta el círculo central para recogerlo con su zurda mágica y enmendar el error del penal... El árbitro contempla de nuevo su reloj, pero aún restan unos segundos sobre el descuento... El nueve conduce el esférico unos metros, con un cambio de ritmo imposible... Deja atrás a dos rivales, que lo contemplan como un cometa en el cielo... Marcha solo hacia la portería contraria... Ningún compañero le acompaña... Leandro gambetea y se escora hacia la banda derecha, protege el balón con el cuerpo, hace un caño, finta a un

contrario y avanza como si tuviera la pelota pegada a la lengüeta... Ya está en el borde del área... Le rodean tres rivales... Dios mío... Qué sombrero... Qué maravilla... Ahorita tratan de derribarle chequeándole los tobillos, pero se zafa saltando por encima de una yunta de piernas... Toda la defensa lo empuja y lo cierra... Leandro caracolea, baila, se desliza... Va lanzado hacia la meta... Dios, dios... No pueden detenerle... Es un mago, está loco... Se deshace de uno, de otro más... Amaga el disparo... Los rivales se arrastran... Ahora sí, tira, y... Gol... gol, gol go... La Pulga endiablada, el nene de la albiceleste lo hizo otra vez... Erró el penalti... Quiso desquitarse... Aún guardaba un as en sus botas... El mejor jugador de todos los tiempos, dios mío, gracias por permitirme presenciar lo imposible... La pulga ha vuelto a picar... Leandro, el nueve prodigioso, regateando a siete, ocho rivales, la ha colado por la escuadra, regalándole a su equipo y a toda su afición la copa de campeones... Qué jugada, dios mío...

> *Gracias,*
> *mil gracias, dios,*
> *gracias Leandro».*

Horas después, tras la celebración en el vestuario, la cena con los compañeros y los directivos, y conceder varias entrevistas a los medios, Leandro descansa en la habitación de su hotel. Yanina, su mujer, y su hija pequeña le acompañan. Le duele la cabeza. Tumbado sobre la cama, observa como su mujer acuna entre sus brazos a su hija.

—¿Se quedó dormida? —pregunta.

—Recién —responde Yanina.

Leandro sonríe, aunque luego su rostro se desdibuja. Suenan cánticos en la calle. Los aficionados de su equipo festejan la victoria, olvidando por una noche sus problemas y frustraciones, enajenándose con una alegría febril.

—Estás muy pálido —dice Yanina, preocupada—. ¿Te encuentras bien, amor?

—Sí, me encuentro bien; pero no sé qué me pasa. Es extraño... De algún modo me siento vacío.

—¿Vacío? —cuestiona ella.

—Y sí.

Leandro mira hacia la ventana. Yanina coloca a su hija en una mantita en el suelo. La niña flexiona y extiende los brazos y las piernas por unos segundos y luego se queda quieta, bostezando.

—Todo el mundo te quiere —afirma ella, acercándose a la cama.

—No todos —objeta Leandro—. Estoy cansado de la prensa, de la presión de la competición. Es como si todo esto, jugar, hubiera perdido en parte el sentido.

Yanina se tumba a su lado, boca abajo, y empieza a acariciarle la mejilla.

—Sos jugador de fútbol —dice, comprensiva—. ¿Qué sentido se perdió? Llevás en esto desde nene.

—Desde nene, sí. Mi sueño era convertirme en un gran delantero. Pero vos ¿qué pensás?... ¿Creés que sabría hacer otra cosa que meter goles?

Ella le contempla con ternura. Leandro le devuelve la mirada. Sus ojos son los de un niño que no desea comprender.

—Boludo. Y qué más da. Tenés la vida resuelta. Y Claudia, nuestra hija, también. Vos realizaste tu sueño. Ahora deberías disfrutarlo.

—La plata no lo es todo.

—Ya sé. Pero vos tenés la suerte de que llueve y crece a tu alrededor.

Leandro se incorpora y se queda sentado en el borde de la cama. Hay una botella de champán abierta en una cubitera sobre la mesilla. Llena dos copas. Le ofrece una a su mujer.

—Quiero volver a Argentina, retirarme allá.

—¿Creés que allá será diferente? —razona ella.

—Puede que sí —dice Leandro.

Se levanta y comienza a pasear por la habitación, inquieto. Aparta las cortinas de la ventana y mira hacia la calle.

—Y ¿por qué ahora, precisamente? ¿Hay algo más?

Leandro se estremece. Hay algo indefinido y definitivo que ronda por su mente.

—Estuve dándole vueltas. Antes de fallar el penalti me ocurrió algo. Me acordé de dos amigos de la infancia.

—¿Dos amigos?

—Sí, los recordé justo antes de chutar. Vi sus caras.

Los había olvidado y, de pronto, me acordé.

—Vos sos un loco —dice Yanina, irritada—. ¿Así que te acordaste de ellos y ahora quieres regresar a Argentina? Sabés bien como es todo aquello.

—Lo sé y no —explica Leandro—. Ya no quiero estar más acá. Ya fue.

Leandro vuelve a llenar su copa y se sienta de nuevo en el borde de la cama. Yanina le abraza por la espada y descansa su cabeza sobre sus hombros.

—¿Acaso no te gusta nuestra vida? —pregunta irritada—. No sé a qué viene todo esto. Sabés que te amo. Siempre te he apoyado en todo, pero esta vez no. Yo no quiero volver. Si vos querés regresar, dale, regresá. Yo me quedo acá con nuestra hija, al menos por ahora.

Leandro se gira hacia ella y le coge las manos.

—Pero yo os necesito —dice.

Yanina parece a punto de llorar, y acaba derramando el champán sobre las sábanas.

—Lo mismo que nosotras a vos —apunta, resistiéndose—. Traje acá a mi familia, hace muchos años. Les gusta esto. A mí también me gusta. No podés arrastrarnos ahora. No es razonable, ¿no creés?

—Llevás razón —consiente Leandro—. Pero esto no tiene nada que ver con la razón. Es otra cosa.

Su mujer le contempla con tristeza. Claudia, por un momento, se revuelve sobre la manta del suelo. Está soñando.

—¿Lo tenés decidido, entonces? —se asegura, con todo.

—Por primera vez en mucho tiempo siento que mi corazón sabe lo que quiere —dice Leandro, consecuente.

Por un momento, el silencio transgrede las respuestas, desafía la ley de la gravedad.

—¿Vos me amás? —interpela ella, sabiendo.

—Claro que te amo, Yani—dice Leandro con delicadeza.

—Pues dejalo ya, pelotudo, y besame. Vamos a celebrar como se merece tu retorno.

La cana

Sobre el camastro, aniquilado y tranquilo, saboreando el pequeño rayo de sol que cada tarde atraviesa su celda hasta tocar la pared del fondo, Omar piensa en la libertad, la elabora lentamente con sus manos, afilando el lomo de una lámina de hierro, atrayéndola hacia sí, una pasada tras otra, con el mango grueso de madera apoyado sobre su ombligo y una piedra, mientras en el patio se escuchan voces difusas y las tripas se le revuelven por el hambre.

En esas horas la cárcel se apacigua, se evade de sus propios ritmos, de las actividades diurnas con las que la administración mantiene sus muros y a aquellos que los custodian. Los presos se reúnen en el patio e intercambian su sabiduría desquiciada. Cinco pabellones lo rodean: tres para presos comunes, uno para asesinos y violadores, y otro más para los corruptos. En cada uno se erige un jefe, en connivencia con un grupo de sicarios y los guardias, comprados, por supuesto. Hay un recinto en el subsuelo, que sirve para los castigos, donde entran los que trasgreden las reglas visibles e invisibles, o aquellos que no saldan sus deudas, con celdas sin ventanas ni retrete y que los presos llaman agujero. En el pabellón de los corruptos existen toda clase de comodidades. Televisión por cable, celdas individuales, catering personal, salón de juegos y hasta servicio de prostitutas. En el resto de pabellones los presos son hacinados según su rango, atribuido en relación a su condena y los recursos que pueda atesorar. Los jefes y sus hombres disponen asimismo de algunas comodidades especiales. Los jefes no luchan entre sí, esta es la primera ley en la cárcel. Permiten o no trapichear con cualquier cosa. Con comida, útiles de primera necesidad, también con ideas, aunque lo que verdaderamente mueve la economía de la cárcel son los narcóticos, sobre todo la marihuana y la merca.

Omar se encuentra en el segundo pabellón de los presos comunes. Hace un par de semanas que le trasladaron directamente desde los calabozos del juzgado. Como sabemos ya, la policía no encontró ningún alijo en el patio de su casa, pero le acusaron de tenencia ilícita de armas, agresión a un agente, resistencia durante su detención que, junto con sus antecedentes, indujeron al juez a condenarle nueve meses. Comparte su celda con cinco compañeros. Dos de ellos duermen sobre el piso. Omar se ganó el catre en una pelea. Ejerció una violencia lúcida e intuitiva, no por el catre, sino por procurarse el rango atribuible. Al imponer su voluntad sobre la de otro preso, obtuvo inmediatamente sus concesiones, y el respeto inaugural de las diferentes autoridades de la institución.

Uno de sus compañeros abre ahora la puerta de la celda. Entra y se sienta en el suelo. Lleva un plato con restos de comida en la mano.

—Me he enterado que esta noche vienen a por ti. Le avisa, rebañando su flaqueza con los dedos.

Su nombre es Ricardo, aunque en la cárcel le llaman el Piojo. En su remera de rayas, sobre el bolsillo, lleva bordado el número 214. Omar levanta la mirada y le sonríe.

—Ya sé, amigo. Gracias —responde Omar.

—¿Y qué vas a hacer?

Omar sigue afilando despacio la pieza de metal. Ahora golpea el mango de madera contra la pared.

—Hablar lo menos posible.

El Piojo se rasca una costra de suciedad de la pierna. Observa a Omar sin dejar de comer con los dedos. El rayo de sol se ha adormecido sobre el retrete, señalando las cinco. Varias fotografías y una vieja estampa de la costera de Gualeyguachú lo corroboran. Las moscas revolotean aturdidas formando cuadrados imaginarios.

—Te van a rajar las tripas —anuncia, inflando sus palabras.

El Piojo es un recluso veterano, sin embargo, su *status* es inferior. Está adherido a sus huesos por el alcohol y las drogas, y esto constituye sus verdaderas cadenas y barrotes. Nació en lo más profundo de una villa de Buenos Aires y nunca tuvo una oportunidad en su vida. No fue a la escuela; nadie se preocupó por él. Evolucionó de motochorro a ladrón desquiciado y adicto. En aquel nido de padres y madres inexistentes donde creció, los niños agrandaban el abismo del porvenir, y en las casas en las que se comía bien, la venta de drogas o el robo suponían el sustento indeleble. Fue una carrera continua hasta la cárcel, en la que Omar anexó asimismo sus aprendizajes.

—Y sí. Puede ser —reconoce Omar.

—¿Has comido algo? —pregunta el Piojo, extendiendo su plato hacia Omar.

—No. Me puse a régimen esta mañana —dice Omar con ironía.

El Piojo deja su plato en un rincón. Enseguida lo asaltan las cucarachas, trepando desde el suelo por el borde.

—El jefe ha estado preguntado por ti a los compañeros —explica el Piojo.

Levantándose del catre, Omar reacciona a sus palabras.

—Ah, bueno. ¿Y puedo saber que le contaste vos, conchita?

El Piojo entiende que con su respuesta se la juega. Por ello la mastica con avidez.

—Que hablas por los codos, pero de nada importante.

—¿Y qué más?

El Piojo sonríe, enseñando sus encías. Saca un pucho a medias de fumar de detrás de su oreja y lo desmigaja con las palmas de las manos.

—Que sos simpático y limpio. Y que tenés pelotas, porque bajaste a Ferreti al piso hace unos días. Pero es extraño que el jefe se meta en esto. Algo no me encaja.

Omar comienza a caminar por la celda. Mete la navaja y la piedra debajo del colchón, y se seca el sudor de la frente con una remera.

—Querrá presentarme sus respetos —dice pensativo.

—No soy ningún perejil —apunta el Piojo—. Si se mete el jefe es porque gana algo con ello. ¿Por qué te encerraron, hermano?

Con la mirada fija en la pared, la mente de Omar retrocede hacia un pasado remoto. Se descubre a sí mismo, viviendo con su abuela materna en Resistencia; trepador de árboles, amigo de los potros salvajes y las iguanas, con la piel clara y los ojos azules, heredados de un abuelo polaco que emigró a aquella tierra de indígenas huyendo de la guerra. Sus padres se ahogaron durante una crecida del río cuando Omar era un bebé. Su abuela conocía las medicinas sagradas y conversaba con los espíritus, por eso en su casa siempre paraban vecinas ojerosas y extrañas que venían a pedirle consejo. Tiempo después, toda la familia se trasladó a Buenos Aires. A uno de sus tíos le ofrecieron trabajo como guardés de una Quinta, y la oportunidad los arrastró. Construyeron una casa en un terreno baldío, sin cimientos, con madera y losas, primero una habitación simple con cocina, a la que otras estancias fueron adosándose en seguida. En él se levantaban muchas casas, casas humildes que acogían emigrantes de las provincias del norte, que no huían de ninguna guerra sino de una miseria simple que les empujaba fuera de sus pagos. Como unas casas atraían a otras, pronto aquel terreno ocupado ilegalmente, rodeado de campos, arroyos y bosques, fue formando una villa, que continuó creciendo y creciendo como un animal salvaje, adheridas a sus extremidades retorcidas negocios rudimentarios: verdulerías, carnicerías, talleres y quioscos. Omar empezó a ir a la escuela con sus primos mayores y a manejarse en la ciudad. A su tío le iba bien en el laburo, y la vida en la casa prosperaba. Varios vecinos se juntaron para emprender la acometida de luz y agua, y algunas calles empezaron a tomar forma natural, alrededor de una plaza. Como su tía trabajaba también limpiando en la Quinta, era la abuela quien se encargaba de los niños, en tanto se solazaba invocando a los ancestros para enderezar matrimonios o para terminar de quebrarlos. Eran muchas bocas las que alimentar y la plata se disipaba enseguida. Cuando vino la crisis, su tío destapó el misterio de su ignorancia y todo se pudrió. Mientras la gente de la clase media y alta recorría las calles de la ciudad o se apostaban a las puertas de los bancos golpeando cacerolas y consignas, los habitantes de las villas fabricaban las armas que acrecentarían su distanciamiento social. Su tío terminó por perder su trabajo y comenzó a beber. Su tía, tras descubrir que su marido se encamaba con otras, se volvió con su familia a Entrerríos, llevándose a sus cuatro hijos, y Omar se quedó solo con su abuela y su tío, evangelizado por un suicidio silencioso. Aquellos años fueron difíciles. Omar, a pesar de ser un niño inteligente, abandonó la escuela. Le salió trabajo como recadero; aunque de las tiendas pasaría a los predios mojados. Con quince años prensaba faso, y con otros jóvenes de la villa estudiaba las rutas en los canales y aprendía a cultivar sus propias plantas de maría. La villa se volvió peligrosa entonces, y las balas anunciaban la cuerda. Con todo, Omar pudo escabullirse. Aprendió a manejar distintos vehículos, estudió de un modo autodidacta geología, historia, psicología, y aplicó esos conocimientos como comercial y vendedor al uso, iniciándose en el negocio del movimiento de tierras. Él se encargaba de buscar campos cerca de las costaneras y un amigo que trabajaba en la Municipalidad acordaba con los propietarios la cesión de los mismos para explotar los estratos minerales. La finalidad del proyecto era vender después a los ingenieros aquellos terrenos preparados para la construcción de urbanizaciones con sus respectivas marinas conectadas al Paraná y al río de la Plata. La traición de su socio, que huyó con todas las ganancias, arruinó sus expectativas, y Omar no tuvo más remedio que regresar a su vida de narcotraficante. Subió sin embargo un peldaño, y sus contactos en la Municipalidad, entre políticos y empresarios, le llevaron a transformarse en un eslabón más de aquella gran cadena de mentiras y artificios. Cuando su tío apareció muerto de un tiro en la nuca una madrugada en la vereda de su casa, entendió que el mundo podía irse al carajo en un instante y que, si quería sobrevivir en él, debía tener bien presente esta verdad.

Omar repasa su existencia, pensando en las decisiones que conforman su presente, afrontando el lance que le aguarda en unas horas.

Cuando esta noche, tres sicarios enviados por el jefe de su pabellón, entren en la celda en silencio, Omar los estará esperando. Le preguntarán por el alijo, y Omar

les permitirá cuestionar su silencio, en tanto sus compañeros se harán los dormidos o soñarán que todo
aquello resulta un retrato más o menos inteligible de
sus propias historias. Como los sicarios no son policías,
y en la cárcel impera una ley antigua y feroz, Omar
podrá defenderse con sus mismos argumentos. A uno
le destrozará la cara a puñetazos, a otro le hincará la
navaja en un costado, y al que queda le obligará a llevar
un mensaje al jefe, con el que mantendrá una reunión
antes de que le encierren en el agujero, comprando así
su seguridad durante los meses de condena, pagando
por su vida el doble que otros pagaron por su muerte.

El jefe aceptará por dos motivos: por beneficio propio, por supuesto; y por consideración a un código
antiguo, que todos los condenados entienden y respetan, y que dicta que lo que pueda solucionarse en
la cana, siempre que las circunstancias lo permitan, se
solucione y ya.

El Piojo sostiene su mirada sobre los pensamientos
de su compañero. Omar sonríe. Empieza a tararear
un tango despiadado mientras orina los cercos de la
puerta y el pasillo.

—Dale. ¿Por qué no me lo decís? —insiste el Piojo—.
Te cagaron ¿verdad?

—Qué importa —dice Omar, alegre.

Contrariado, el Piojo se cuelga de la ventana.
Observa fuera los movimientos del patio y escupe entre
los barrotes. Sus brazos son como dos sogas inermes,
que parecen estirarse por momentos con la gravedad.
Ahora se vuelve hacia Omar con un gesto triste, antes

de acuclillarse sobre un montón de cartones húmedos y comenzar a rascarse de nuevo las costras de la pierna.

—Oye, amigo —dice, espantando una mosca con la mano—. Si al final te matan, ¿puedo quedarme con tu colchón?

Las Malvinas

Somnoliento, Marcelo asoma por la puerta de su habitación para iniciar el día. Se dirige a la cocina para
poner a calentar agua en una tetera. La mesa está henchida de botellas vacías de cerveza, vino y fernet, y los
ceniceros rebosan ceniza y puchos aplastados. Flota
en la casa un olor denso a humo que Marcelo trata de
ahuecar abriendo las ventanas. El sol penetra con el
aire. Sobre la mesa encuentra un par de bolsitas con
restos de merca que chupa con desinterés mientras
recompone el desorden interno y externo antes de ti-
rarlas al tacho de la basura. Luego sale de casa, busca a
Noa en su caseta sin encontrarla, cruza el patio delantero, abre el portón de la entrada y se dirige al quiosco
de la vereda de enfrente. Charla con el quiosquero y
compra el periódico y diez pesos de pan. De vuelta a
casa, observa nidos en su tejado. La casa es de una sola
planta, con un pequeño jardín delantero y un patio
posterior, ubicada cerca de la plaza de la villa. Unas
piedras que forman una cueva artificial guardan una
talla de escayola de la Virgen de Luján. La casa perte-

neció a sus padres, aunque el azar quiso que Marcelo la conservara para sí.

Ahora prepara té y unta en una rebanada de pan media pastilla de manteca, que devora con apetito, de pie. Cuando termina de comer, se sienta a leer el periódico, eludiendo las noticias internacionales. Se acercan las elecciones... Los expertos advierten que la inflación crecerá dos décimas en el último trimestre... Los fondos buitre sobrevuelan sobre la nación especulando miserias hipotecadas... Se acusa de corrupción a jueces, políticos, empresarios y financieros... Los asesinos que tienen plata son maquinalmente exonerados. Marcelo va pasando páginas entre bostezos y sorbos de té, deteniéndose sobre algunos sucesos acaecidos y diferenciados: un atraco a una sucursal en la Avenida Sarmiento, los disturbios por los cortes de luz en el distrito de la Matanza, un nuevo descarrilamiento en la línea de Tigre-Retiro, o la desaparición de una joven en Villa Crespo. Marcelo fue Policía Federal durante diez años. Al terminar los estudios básicos eligió este camino sinuoso, que le apartó de los viejos amigos, pero no de las viejas costumbres, que le allegó a Natalia, la que después se convertiría en su mujer, que le proporcionó un respeto disímil en su barrio, cargado de hipocresía y favores capciosos, hasta aquel día que fue expulsado del cuerpo por matar a un muchacho. La justicia lo exculpó del crimen, dictaminando defensa propia, pero fue inhabilitado y, por tanto, señalado en su profesión.

Unas palmadas le sacan del cauce turbio de sus pensamientos. Se asoma por las cortinas del salón y ve a su hija sonriendo, al lado de Natalia. Noa mueve el rabo panza arriba y le lame las piernas, haciéndola reír. Marcelo abre la puerta de la casa y se aproxima al portón para recibirlas.

—Hola, ¿cómo andan? ¿Todo bien? —pregunta Marcelo—. Las esperaba más tarde.

—Hola papi —dice Juli, abrazándose a su padre.

—Me adelantaron el turno —apunta Natalia, con el gesto serio y sin moverse del sitio.

—Podías haberme avisado anoche y había ido yo a recogerla. ¿No querés pasar a tomar un té o unos mates? —ofrece Marcelo, amable.

—Me llamaron esta mañana temprano. Otro día, ¿dale?

Marcelo entiende que nunca llegará ese día. La relación entre ellos terminó mal, aunque nunca consintieron que la niña se viera afectada por ello. Natalia continúa trabajando en la Policía Federal y ha rehecho su vida con otro tipo. Marcelo, con todo, siente por ella un cariño insondable, más allá del amor fracasado y perdido.

—Dale, Natalia, no te apures —dice Marcelo—. Juli, da un beso a tu madre.

—Papi, ¿puedo jugar con la computadora? —dice Juli, tironeando a su padre de la remera.

—¿Hiciste ya las tareas de la escuela? —le pregunta Marcelo.

Juli mira primero a su madre, para asegurarse.

—Sí, las hice ayer a la tarde —responde después.

—Entonces, andá. Pero antes decile adiós a tu madre —insiste Marcelo.

Juli corre con su madre y le da un beso. Por un instante los dos padres se contemplan con tristeza, tal vez evocando otros tiempos más felices.

—Chao, Natalia. Ten cuidado en la ronda. ¿Seguís por Villa Devoto?

Ella hace ademán de irse, pero aún se vuelve un segundo para ver cómo Juli cruza el jardín y se mete en la casa.

—No, ahora andamos de vigilancia por Avellaneda y Boca, por los turistas. No te hagas drama Marcelo, tengo cuidado. Mañana sobre las cinco llevás a Juli donde mi madre.

Las horas transcurren felices para el padre y su hija. Entre semana la niña vive con su madre, y los fines de semana los pasa con Marcelo. Juli aprovecha dicha situación y consigue de su padre todo lo que desea, entremezclando ternura y ese egoísmo infantil henchido de luminosidad. Poseen una relación inmejorable. Marcelo la refuerza siendo con frecuencia permisivo y, ocasionalmente, intransigente. Le gusta el carácter de su hija: curioso, confiado, sensible, ocurrente y caprichoso. La acepta como el ser más maravilloso y lindo del mundo, y Juli le devuelve dicho amor con palabras transparentes, rabietas fugaces y abrazos prolongados. Marcelo jamás volvió a tener otra compañera. Tiene encuentros con mujeres, que conoce asiduamente por Internet, pagando en ocasiones. Con los años se acostumbró a estar solo, y únicamente tolera en su casa la presencia de su hija y la de algunos amigos solícitos.

—Juli ¿qué querés para comer? —pregunta Marcelo,

alzando la voz desde la cocina— ¿Mila con papas o hamburguesa?

Se ha puesto un delantal y escruta la heladera. Noa los observa, tumbada bajo la mesa, con las orejas alzadas.

—Hamburguesa —dice Juli, con el mando de la tele en la mano.

—Listo. Compré de las caseras —señala Marcelo, agarrando un paquete con una envoltura de papel.

—Pero yo quiero regalito —afirma Juli, pueril.

Marcelo se asoma al salón, intuyendo lo que toca ahora.

—Sabés que no me gusta que comas del McDonald's —dice— Si te comés las que compré en la pollería, tendrás un regalo.

Juli cesa de barrer los canales de dibujos animados y vuelve su rostro hacia Marcelo.

—Pero yo quiero el regalito del payaso—dice de nuevo, cambiando su tono de voz.

Sus miradas se sostienen un instante, en tanto Noa, estira las patas perezosa.

—El mío es mucho mejor —dice Marcelo, generando en su hija una duda razonable.

El mando de la tele cae sobre un cojín. Juli gira su postura y se acoda sobre el sillón.

—Decime cuál regalo, papi. Dale, decime, porfa, porfa...

—Primero cená, y después te lo doy.

—Sos malo papi. Dale, dámelo ahorita.

Juli mantiene asimismo su lucha, poniendo la cara más contrariada que recuerda.

—Te la pasás pidiendo. ¿Qué creés, que tu papi es el director del banco de la nación?

—Dale papi. Sos muy malo.

Ambos argumentos se desafían; ambos igual de emocionales. Marcelo se acerca a su hija, frunciendo el ceño.

—Y vos sos una chinita del diablo —dice, quitándose el delantal—. Andá, vení acá y dame un beso.

—No. Sos malo. No te doy más besos nunca —dice Juli, huyendo hacia la habitación.

Marcelo la echa mano en la puerta, aunque su hija se zafa para escapar nuevamente.

—Vení, Julieta —dice Marcelo, prorrogando este juego cotidiano—. No me hagás perseguirte, porque te haré tantas cosquillas que te mearás.

Juli se mete debajo de la cama y se ríe, sin replicar, provocando a su padre. Noa comienza a ladrar y a mover el rabo, entendiendo el mecanismo afectivo subyacente. Estas escenas transportan a Marcelo a su infancia, cuando su padre le perseguía por el patio para embadurnarle las mejillas con tizne del horno, y la cuadra entera se llenaba de un olor a almendras fritas y pan de maíz.

—Vení chinita —continúa Marcelo, agachándose para agarrarla.

La arrastra de los pies y la abraza con fuerza. Juli se resiste. Pellizca los mofletes de su padre, e intenta morderle las manos. Marcelo le hace cosquillas, y su hija se retuerce de risa en sus brazos, cediendo y no.

—Pará, pará ya, papi. Dame mi regalo. Dale.

—Primero cená—insiste Marcelo.

—Dale, ceno —dice—. Pero solo hamburguesa, no quiero papas.

—Lo que quiera mi chinita linda —dice Marcelo, satisfecho.

—No me llamés más chinita. No me gusta. Ahora dame mi regalo. Dale, papi.

Marcelo suspira, la lleva en brazos hasta el salón y la deja sobre el sofá. Noa retorna bajo la mesa de la cocina y espera.

—Es un libro muy bonito —dice, hurgando en un cajón del mueble de la tele.

—Yo no quiero un libro.

—Es un libro especial —explica Marcelo.

—Ya tengo muchos libros.

—Este no.

Marcelo le entrega un paquete envuelto con un papel de colores.

—Es muy grande —dice Juli con interés.

—Pero no me mirés y abrilo —dice Marcelo, sentándose a su lado—. ¿Sabés qué es?

—¡Es un atlas! Tenemos uno en la escuela.

—Pues este es solo para vos.

—Gracias papi. Me encanta— dice Juli, pasando páginas con rapidez—. Mirá, mirá. Yo te digo dónde está Argentina. Mirá, está acá; a que sí.

Marcelo asiente orgulloso. Da un beso a Juli y se levanta para ponerse de nuevo el delantal.

—Muy bien Julieta. Sos igual de inteligente que tu papá.

—No papi. Yo soy mucho más inteligente que vos —replica Juli.

En la cocina, Marcelo enciende el fogón de gas y coloca la plancha encima. Juli ojea el atlas, recorriendo con el dedo la cordillera de los Andes. Marcelo adereza las hamburguesas en la encimera, con sal, pimienta y pensamientos, prepara varias lonchas de queso y tomate, abstraído, desmigando mansamente unas hojas de lechuga y partiendo con un cuchillo de sierra los panes.

—Oye, papi. ¿Es verdad lo que dice mami, que el abuelo Caleb estuvo en la guerra de las Malvinas?

—Sí, Julieta —afirma Marcelo.

—El otro día, en nuestra escuela, hicimos un homenaje a los soldados caídos

—¿No sos muy pequeña para aprender sobre guerras y muertos? —cuestiona Marcelo, mientras coloca las hamburguesas sobre la plancha.

—No sé —responde Juli—. Mi profesora dice que los soldados argentinos fueron muy valientes.

El olor de las hamburguesas inunda la casa y Marcelo abre las ventanas. Noa se relame.

—En la escuela os enseñan muchas pavadas. ¿Querés que te cuente cómo la pasó en verdad tu abuelo Caleb en la guerra?

—Claro, papi —dice Juli.

Ahora atraviesa el salón y se sienta en la mesa de la cocina.

—Pero no quiero que le contés nada de esto ni a tu madre ni a tu profesora —pide Marcelo.

—Te lo prometo papi.

Marcelo voltea las hamburguesas a la vez que Juli sitúa su dedo en el Atlántico Sur, ubicando las islas. Las sombras volátiles de los pájaros traspasan la ventana y se oyen trinos de advertencia entre las ramas de los árboles del jardín. Un hilo de baba cuelga del morro de Noa y alcanza el piso.

—Verás... Tu abuelo laburaba en aquella época de cocinero en un restorán de comida árabe. ¿Te acordás que te conté que los papás de los papás del abuelo Caleb emigraron acá desde Siria? Tu abuelo estaba metido también en un sindicato, y siempre se metía en líos políticos, según decía él, para bien del pueblo y su familia. Sin embargo, en aquellos años, mandaba en el país un dictador muy malo. Oprimía a los trabajadores y afanaba plata a los pobres para ganarse el favor de los ricos. La gente como tu abuelo, le hacían muchas protestas y le rompían continuamente las pelotas, exigiéndole que se fuera del país. El dictador era un borracho y un asesino y se desquitaba torturando a los ciudadanos. A muchos los hacía desaparecer.

—No entiendo papi —dice Juli.

—Los mataba—aclara Marcelo—. Los subía en un avión y los arrojaba al mar.

La cara de Juli proyecta una comprensión parcial, como si aguardara más palabras para lograrla.

—Sí, cariño. Fue un hombre muy malvado. Y no sólo él. Muchas personas malvadas cumplían sus órdenes o se regocijaban con las mismas. Pero cada vez más argentinos se hermanaban en su contra, y, a pesar de todas las represiones y castigos, clamaban por su destitución.

Un silencio momentáneo destella en los ojos de Juli, porque Marcelo interrumpe conscientemente el relato para voltear nuevamente las hamburguesas y también su dolor.

—Como el dictador no era ningún boludo... —prosigue— ...se le ocurrió desviar la atención de la gente, y comprendió que la mejor forma para lograrlo era invadir unas islas que pertenecían a los ingleses desde hace siglos y reclamarlas para la nación.

—Las Islas Malvinas —subraya Juli.

—Exacto —dice Marcelo—. El dictador sabía que aquello resultaría imposible, porque tendría que enfrentarse a uno de los ejércitos más poderosos del mundo. Envió a los soldados a morir, pensando que sus muertes unirían al pueblo argentino contra un enemigo exterior, acallando a la vez las voces que denunciaban sus crímenes.

Juli coloca un mechón de pelo en sus labios.

—Pero mi profe nos dijo que consiguieron conquistarlas.

—Lo hicieron por pura necesidad, aunque poco duró aquella conquista. Debés entender que muchos ni siquiera eran soldados ni querían estar allá. Los obligaron a entrar en el ejército, como a tu abuelo. Eran unos pendejos, y estaban acusados por razones políticas. De este modo el dictador se los quitó de encima, y embarrancó el país en aquella guerra.

Juli observa a Marcelo fijamente. Luego lleva su mirada sobre el atlas, como si este pudiera resolver sus interrogantes.

—Entonces, ¿qué le pasó al abuelo Caleb? —pregunta Juli.

—Andá, ayudame. Haz juguito en esa botella —dice Marcelo, señalando la encimera—. Tu abuelo siguió de cocinero, porque tenía muy mala vista para disparar. Le enrolaron en un buque que se llamaba Belgrano. Fue torpedeado por un submarino y se hundió.

Marcelo saca las hamburguesas de la plancha y las pone directamente sobre los panes. Juli saca de la heladera el concentrado y añade un poco en la botella, antes de agitarla con ganas.

—Pero el abuelo vivió ¿no, pá?

Marcelo termina de montar las hamburguesas y acomoda los platos y los vasos en la mesa. Su mente le devuelve el rostro de su padre, y tras él el de su madre. Alcanza de la encimera un sobre de mayonesa, se sienta, acaricia las orejas a Noa, le allega su cuenco de pienso, y después todo se esclarece.

—Tu abuelo estuvo cuarenta y ocho horas en el agua, agarrado a un salvavidas, esperando que le rescataran. Pasó tanto frío que se le reventó un riñón y tuvieron que amputarle varios dedos de un pie. Desde entonces, nunca volvió a ser el mismo. Murió pocos años después porque necesitaba un trasplante.

Juli se queda pensando. Luego se acerca un rayo de luz que choca contra la ventana de la cocina y lo toca con la mano.

—¿Y qué le pasó al dictador? —pregunta. Con la mirada humedecida, Marcelo extiende la sinopsis.

—Al perder la guerra, tuvo que marcharse del país y

entonces regresó la democracia.

—Pero entonces, pá ¿las Islas Malvinas son argentinas o no? —razona Juli.

Aunque Marcelo afronta ahora a la silueta enferma de su padre, encadenado en la oscuridad callada de su rebeldía, viajando cada día a un hospital del centro de Buenos Aires para completar la diálisis, ya no suele recordarlo así. Logró rescatarle de todo aquello tras su muerte.

—Las islas, chinita, pertenecen a los pingüinos. Y ahora, a comer, que se enfrían las hamburguesas.

Unas palmadas en el portón de la entrada, diluyen la angustia de Marcelo.

—Yo abro —dice Juli, levantándose con rapidez.

—Mirá antes por la ventana, a ver quién es.

—Es el tío Charly —confirma Juli, espiando por las cortinas.

—Abrile, chinita.

Juli abre la puerta de casa, y Noa se cuela entre sus piernas para olfatear a Charly.

—Hola Julieta —saluda Charly—. ¿Cómo andás? Pero estás relinda. Dame dos besos y un abrazo.

—Hola tío Charly —dice Juli abrazándole.

—Pasá; dale —invita Marcelo desde el salón.

Charly deja un casco y unos guantes de moto sobre una silla y da dos besos a Marcelo.

—¿Todo bien, Marce?

—Todo bien —repite Marcelo—. Y vos, ¿qué onda? ¿Viniste a por la moladora? Te la dejaste anoche, borracho pelotudo.

—Ya sé, cabezón. Las prisas —dice Charly sonriendo—. Y vos ¿qué hacés? Con unas hamburguesas no llegarás a convertirte en chef.

—¿Te animás? —ofrece Marcelo.

—No, Marce —dice Charly, que busca una silla en la cocina—. Vine a contarte algo. Tengo que irme donde mi hermana enseguida.

—¿Querés una birra o unos mates? —pregunta Marcelo mientras abre la heladera.

—Dale, abrí una birra si querés —contesta Charly—. ¿Puedo fumar?

—Claro, hermano —dice Marcelo, regresando con un litro—. Andá Juli a comerte la hamburguesa mirando tele. Che, tenés cara de tortuga sin caparazón. ¿Qué ocurre?

—No sabés nada, ¿verdad? —indaga Charly, antes de encender un pucho.

—¿Qué onda? ¿Qué pasó? —pregunta Marcelo, llenando dos vasos.

Juli no se mueve de la mesa. Su curiosidad innata se lo impide. Marcelo le dibuja un gesto y se marcha con la hamburguesa en la mano al salón. Noa la sigue.

—Todo se ha ido a la mierda en la fábrica —dice Charly—. Despidieron a veinte del turno de mañana y otros diecisiete de la tarde. Les enviaron cartas autenticadas. Llamó Gastón al gordo Chorri. Están desmantelando la Linda.

—Dejate de joder. Eso es imposible —dice Marcelo con preocupación.

—Comenzaron anoche.

Juli baja el volumen de la tele para escuchar y las voces de los dibujitos se desvanecen. Marcelo la mira de reojo.

—Eso significa que van a cerrar la fábrica. ¿Y los del sindicato no lo sabían o qué? Los untaron de guita, seguro.

Charly asiente antes de soltar una bocanada de humo.

—El loco Guzmán dice que pactaron los despidos. Pero lo de la Linda no. Los chicos ya se están organizando. Los compañeros del turno de noche se enfrentaron a los operarios y se han encerrado en la nave principal.

—¿Y la cana? —pregunta Marcelo.

—Aun no ha aparecido nadie por allá —dice Charly—. Ni los directivos tampoco. Yo voy a ir esta noche. Si no defendemos la fábrica, la clausuran.

—Dale Charly. Llevo a Juli con su abuela y voy con vos. Habría que llamar a la televisión y a los periódicos. La fábrica funciona bien, da beneficios. No pueden jodernos así.

Marcelo esboza en su imaginación el sentido funesto de la lucha desigual que se avecina.

—Mañana a primera hora decidiremos qué hacer y cómo —dice Charly, apurando su vaso, antes de levantarse—. Pasá el día con Juli y vení por la noche. Tendremos que turnarnos.

—Debemos ir todos, la concha de su madre —protesta Marcelo.

Charly agarra el casco y los guantes y se dirige hacia la puerta. Marcelo lo sigue con la vista, conteniendo apenas su rabia.

—Marce, las cosas van a ponerse feas —dice Charly, ya en el quicio—. Chao Julieta. Hoy no le rompas mu-

cho las pelotas a tu padre y dale muchos besos y abrazos. Haz ese favor a tu tío Charly. Chao; cuidense.

La puerta se cierra y Marcelo vuelve a la cocina a
llenar su vaso. Siente los latidos del corazón en el pecho
y el hocico de Noa en su mano. Tiene ganas de gritar, de
romper el vaso contra la pared, de salir detrás de Charly,
pues sus pensamientos se agolpan en su boca. Sin embargo, sólo se vuelve para buscar la curiosidad de su hija,
y la encuentra ahí de pie, mirándole fijamente a los ojos.

—¿Porqué quieren cerrar tu fábrica, pá?

—No quiero que te apurés, chinita, pero acaban de
llamar a tu padre a la guerra.

El retorno

De rodillas frente al banco, Leandro observa su equipa-
ción doblada, las medias estiradas a veinte centímetros,
formando con ellas un ángulo recto. Tiene la mirada
fija en la pared, mientras coloca delicadamente las botas
sobre la remera con el número nueve. Sus manos se des-
lizan y la postura varía. De la bota derecha saca un pequeño búho de cerámica, un cuarzo transparente y una
caracola; de la izquierda, una estampita de la Virgen del
Agua, dos pulseras de cuero, una cadena de oro y una
goma. Leandro se recoge el pelo, se santigua, y se dirige
después a las duchas para accionar una canilla y lavarse
las manos y la cara. Luego regresa al banco y empieza
a vestirse. Primero los pantalones cortos, a continua-
ción las medias, la remera y, por último, las botas. Los
cordones de la bota derecha llevan una sola lazada, en
tanto los de la izquierda dos. Leandro se levanta y marcha otra vez a la canilla. Se lava las manos y la cara nuevamente y vuelve a sentarse en el banco, para guardar
en una bolsa el búho, el cuarzo, la caracola, la estampa
de la Virgen del Agua, las pulseras de cuero y la cade-

na de oro, santiguándose tres veces cuando acaba, con los ojos cerrados, concentrado y silente, sin abordar la realidad de sus compañeros, que lo rodean, sumidos en sus propios rituales, más o menos elaborados, dentro de una férrea burbuja mental.

—Leandro, no podemos pagarte ni la décima parte de la ficha que cobrabas en España.

El gesto serio del presidente choca con la mirada infantil de su secretaria, que sonríe de pie a su lado mientras le entrega unos papeles grapados. Leandro está sentado frente a ellos, algo incómodo y a la espera, separado por una enorme mesa de algarrobo. El presidente ojea unos segundos los papeles y se los alcanza. Leandro finge leer.

—No importa, che. Yo quiero jugar acá. La plata es lo de menos—dice.

—Si te pagamos menos quedaríamos como el orto. Aún sos joven. Podrías jugar en cualquier equipo del mundo.

Se distinguen unas ojeras marcadas tras las lentes obscurecidas y modernas. Además de ser presidente de la escuadra blanquirroja, es empresario de la construcción y abogado. Dicho puesto en el club de fútbol le asegura una capacidad ingente para generar negocios, tanto dentro como fuera el país, a la vez que le permite eludir impuestos y detentar beneficios fiscales. Cuando el representante de Leandro le llamó por teléfono hace un par de meses y le dijo que el jugador deseaba volver a jugar en River Plate, pensó que le gastaban una broma radiofónica. Leandro tuvo que llamarlo en persona al día siguiente. Entonces pudo hacerse cargo de la realidad, pero no de lo que se escondía tras la misma.

—Tengo una deuda con ustedes —explica Leandro.

El presidente se recuesta en su sillón. Abre un pequeño cofre de madera sobre la mesa y saca un largo habano que se pasa varias veces por debajo de la nariz. Los amplios ventanales de su espalda permiten la visión completa del estadio Monumental de Buenos Aires: las gradas con los colores del club, en parte techadas, ajadas; el terreno de juego, un cuadrilátero verde rodeado por una pista de atletismo con su elíptica.

—Creeme. No tenés deuda alguna. Hace diez años pagaron una fortuna por vos. Duplicaste nuestro presupuesto varias temporadas. Con ello ganamos tres títulos de liga y una Copa América. La Intercontinental nos la terminaste sacando vos con cuatro goles, pero qué sé yo. No se puede tener todo en la vida, ¿verdad?

—Me sentí un traidor aquel día —confiesa Leandro.

—Hiciste lo que debías hacer —responde el presidente.

El despacho es lujoso, aunque conserva un aire marchito e impersonal que se refleja en los muebles, en las fotografías ineludibles: el Presidente de la nación y el Papa, y en algunos objetos de recuerdo de ciudades tan dispares como Río de Janeiro, Florencia, Tánger o Reikiavik.

—El Goicho me tachó de forro —aclara Leandro.

—Y sí; claro que lo hizo. El Goicho era un mal tipo. Un entrenador de goleta. Se enfadó por perder y la tomó con vos. Puro teatro. Lo largamos por pelotudo. El año pasado lo encontraron ahorcado en su casa. Puro teatro también.

Leandro siente un escalofrío. A lo largo de su carrera ha conocido muchos hombres como este, con pocos escrúpulos y una acritud pragmática.

—Era un buen entrenador, con todo —apunta Leandro—. La prensa acabó con él.

—La prensa es la prensa. Los periodistas tienen que vender periódicos. Igual que el jaguar caza y el gaucho putañea en la pampa. Vos sos delantero, che, y tenés que marcar goles.

—Espero poder cumplir con mi parte —dice Leandro, antes de estampar su firma en el contrato.

—Y yo —sanciona el presidente, ofreciéndole la mano a Leandro—. Estamos arriesgando mucho con tu vuelta. Sabés perfectamente que no es igual jugar allá que acá.

Leandro estrecha su mano y le devuelve los papeles. El presidente comprueba la firma y después añade la suya.

—Envía esto por fax a la federación —dice a su secretaria—. Se les van a caer los pantalones del susto.

El presidente da una chupada al habano y, entre jirones de humo, sus ojos destellan pensamientos indelebles.

—Mañana daremos una rueda de prensa para anunciar tu fichaje. Va a ser una bomba, guacho.

En el vestuario, las conversaciones son distendidas, amistosas, entretejidas sobre el sonido del estadio, los cánticos fanáticos incesantes, el rumor de miles de aficionados ajustando su voz y su identidad, los tambores de las comparsas, los silbidos estridentes. El entrenador dibuja sobre una pizarra los movimientos tácticos mientras explica el cómo y el porqué.

Leandro escucha sin escuchar, sumido en un remolino de recuerdos laxos y recurrentes que evocan fragmentos de su infancia: su vieja casa en la villa, encajada apenas entre otras dos, cesando aquella calle siempre embarrada por las tuberías del desagüe, atravesada por hilos ilegales de luz y el ronroneo de gatos gordos, respetados por los perros más fieros de la galaxia. Los cristales de las ventanas tomados de los almacenes del ferrocarril, las puertas prestadas por nadie, las planchas metal del techo amortizadas con la turbia tarea de reunir chatarra y papel. Y en la esquina hacia el norte un taller clandestino; y en la contraria aquel quiosco oscuro donde las moscas custodiaban un reino de cenizas y dulces. Y un padre vago y soñador, patrón de la grapa y la milonga, *pierdetrabajos* de primera, arisco, filósofo, ateo, porteño súbito, indígena entreverado, emigrante fingido e irreal; y una madre consagrada a evitar el hambre en su casa, deslomada por los madrugones y las preocupaciones, soportando el peso del porvenir, manoseada por los dueños de las casas donde se afanaba en las tareas domésticas, decidida a emprender una supervivencia sencilla; y un hermano estúpido que iba camino de convertirse en sicario imberbe, motochorro aplicado, maleado por toda la estructura contextual. Esta era toda la familia de Leandro, y su escenario pueril. Unos cuantos tíos/as y primos/as en Tucumán y Rosario la completaban; pero nunca llegó a conocerlos.

—Vos, *Pulguita* —le dice el entrenador—. Es tu primer partido y no estás al cien por cien. Así que cuidate de los centrales y soltá rapidito el cuero. No fuerces mucho. Tomatelo con calma. Escondete detrás de la brizna de la hierba del área si querés. No bajés por nada al centro de la cancha a recibir o te mandaré a la concha de tu madre y al vestuario, ¿dale? Los Cuervos nos tienen ganas y nos jugamos el pase a la Copa.

—De acuerdo, che —responde Leandro.

Cuando Leandro, aquel niño de pelo revuelto, bajó del colectivo en las puertas de las canchitas de Vicente López, el guarda de la entrada le preguntó si no lo acompañaba nadie. Leandro lo miró como si no entendiera sus palabras y, hurgándose la nariz, le mostró aquellas botas raídas con las que marcaría veinte goles poco después ante el asombro de cuantos entrenadores y ojeadores presenciaron su habilidad innata para fabricar gambetas vertiginosas. Leandro tenía el futbol en la mente. Al finalizar las pruebas, el club le ofreció a bocajarro una beca completa de estudios y un contrato. Más de uno hubiera querido adoptarlo y ponerle sus apellidos. Un directivo le llevó de vuelta a su casa para convencer a sus padres, que se quebraron con la oferta. La familia al completo se instaló al día siguiente en un lujoso departamento cerca la ciudad deportiva del club. Así sucedió.

Con doce años, Leandro ya deslumbraba en las categorías inferiores; con dieciséis debutó con el primer equipo. Pronto llegaron las primeras ofertas desde Europa. Fue máximo goleador en todas las ligas en las que participó, salvo en una, en la que un central que le doblaba la estatura le rompió la tibia con los tacos. Quince años de carrera profesional para forjar una leyenda insólita y planetaria, con su padre tratando de ejercer de manager dichoso, su madre entregada a la causa social, y su hermano convertido en vocalista de una conocida banda de cumbia. Todos fueron muriendo; los dos primeros de cáncer, en apenas seis meses; el tercero en un accidente de auto que por unas horas eclipsó el reciente matrimonio del futbolista.

El cuarto árbitro muestra el cartel electrónico con el número nueve. Leandro se santigua y se dirige lentamente hacia la banda, aplaudiendo a las gradas. Pisa con la bota derecha la línea antes de saludar al compañero que lo sustituye y salir de la cancha. El entrenador se acerca a él y le palmea la espalda.

—Lo hiciste bárbaro —le dice.

Leandro respira agitadamente. Hace unos minutos logró marcar un gol desde el borde del área pequeña. Ahora se sienta en el banquillo. El utillero le pasa una botella de agua. Luego se agacha frente a él para masajearle los muslos. Algunos compañeros le felicitan, aunque sus voces suenan lejanas. Da un largo trago y se echa por encima el resto de la botella, que resbala extrañamente entre sus dedos. Su corazón late con violencia bajo el escudo de la remera y en sus sienes. Leandro, de pronto, siente el vacío y el miedo y su cuerpo comienza a girar sin control. Trata de cerrar los ojos, pero las imágenes se le cuelan en las retinas: un perro ladrando sobre un montón de basura, una rata enorme abriendo un túnel bajo las maderas del galpón, gritos inasibles arrastrados por el viento y el polvo, brazos que se encogen y se estiran bajo el clamor de la una libertad apócrifa.

Cuando le da la primera convulsión, Leandro se muerde la lengua, percibe el sabor de la sangre y todo se vuelve amarillo a su alrededor. Entonces cae al suelo inconsciente, mientras en el estadio Monumental los aficionados corean su nombre y desatan un infierno de bengalas rojas y banderas.

El trato

Al final de una estrecha carretera de asfalto que atraviesa una selva densa de ombúes, ceibos y palmeras, en dirección a los brazos del río Paraná, se levantan los muros del country. Omar deja atrás el pomposo arco de la entrada, hechido de bombillitas y relieves, antes de frenar junto a la garita de seguridad.

—Buen día —dice sin bajarse de la moto—. Vengo a ver al Intendente.

Distingue un par de siluetas tras los cristales. No obstante, los segundos pasan y nadie se asoma. Un enjambre de moscas azules zumba alrededor de las orejas de Omar, que manotea el aire.

—Me pidió que viniera a las once —añade, tratando de apremiar a los vigilantes.

—Llegás dos horas tarde —señala una voz a través del interfono—. Quedate ahí, bien quietito, sin moverte.

Los vigilantes salen de la garita y rodean la moto. Conocen bien a Omar, pero su cometido es desconfiar de cualquiera que no sea propietario. Anotan la matrícula y le cachean, concienzudamente, en tanto

Omar, con los brazos despegados del cuerpo y una pierna apoyada en tierra, les deja hacer.

—¿Estuviste metido en cana, no? —pegunta uno de ellos sonriendo ligeramente.

—Y sí. Ocho meses —responde Omar, con tranquilidad—. Un error sin duda. El señor Ramón me ayudó a salir. Vengo precisamente a darle las gracias.

El otro vigilante hace una señal a Omar para que continúe. El escape de la moto petardea y acelera a fondo para formar una nube de polvo y humo.

—¡La reconcha de tu madre! —se oye gritar a su espalda.

La casa del Intendente se encuentra en el perímetro norte del country. Constituye una quinta aislada, flanqueada por otro muro de ladrillo y conectada a los brazos y canales del río Paraná por un embarcadero. Sus dos plantas se alzan entre árboles imponentes, cuyas copas sombrean las paredes lisas, pintadas de blanco. Grandes ventanales en la de arriba y pequeñas aberturas enrejadas en la de abajo. Un enorme campo se extiende contiguo a la casa. En él, una manada de yeguas y dos sementales se encargan de mantener el pasto corto y de abonar los jardines que ocupan la parte posterior de la casa. Omar detiene la moto frente a la entrada principal y observa el movimiento de la cámara situada sobre la puerta. Una mujer aparece bajo el quicio. Va vestida completamente de negro, portando en una de sus manos un manojo de morrones.

—Don Ramón le está esperando; adelante —dice la mujer.

—Pará, que pongo el cepo a la burra, linda —responde Omar, guiñándole un ojo—. En este barrio hay mucho chorro suelto.

El interior de la casa resulta fastuoso. Muebles antiguos, de maderas nobles, se entremezclan con elementos más modernos que igualmente derrochan lujo. Decenas de cuadros decoran las paredes, formando una especie de pinacoteca estrambótica; esculturas de corte grecorromano se distribuyen por los rincones. La mucama conduce a Omar hasta un despacho ubicado junto a las escaleras. Le recibe un hombre de mediana edad, sonriente, con el rostro macilento y ojeroso, los cabellos canos y una incipiente barriga, ataviado con una bata de seda gris y un gauloise entre los labios.

—¡Mi querido Omar! —dice el Intendente, alargándole la mano —por fin volvemos a encontramos, amigo mío.

—Buenas tardes, Don Ramón —saluda Omar sin acercarse.

—Pero por favor, sentate. Amelia, traiga el almuerzo acá mismo. ¿Qué querés beber, Omarcito?

—Una birra, si no es mucha molestia.

El Intendente hace un gesto con su mano y la mucama se retira silenciosa. Luego se sientan, primero el Intendente, después Omar, separados ambos por una mesa de cristal. Omar saca un pucho de la cajetilla y el Intendente desliza un encendedor de oro sobre la superficie pulida. Omar lo estudia un instante antes de prender el pucho y devolvérselo de la misma forma.

—¿Te gusta? —pregunta el Intendente.

—¿El qué? —contesta Omar.

—El encendedor, boludo.

—No está mal. Con él podría morfar una familia varios años.

—No te falta razón. Aunque dependería de la familia. Es de oro macizo, y posee una historia singular. Perteneció al mismísimo Perón.

—¿A Perón? Menudo chamuyo. Puede que le macanearan. Hoy en día es difícil fiarse de nadie.

—Opino lo mismo que vos —admite el Intendente, sosteniendo el encendedor entre los dedos—. Sin embargo, sí que perteneció a Perón. Fue un obsequio de su mujer en su décimo aniversario de casados. Conserva sus iniciales grabadas y una frase de amor un tanto equívoca: «*Nuestro amor es la patria*».

—No le hacía yo peronista, Intendente —reconoce Omar.

—No lo soy. Pero mi padre, sí. Él fue quien me lo regaló, poco antes de morir, además de una jugosa agenda con todos sus contactos. Me encanta revolcarme en la nostalgia de aquellos días en los que la gente como yo podía vivir bien, bajo sombras tan protectoras e imponentes.

Omar observa fijamente al Intendente.

—¿Por qué me cagó como me cagó, Don Ramón?

El Intendente se mueve incómodo sobre la silla, arreglando las arrugas de la bata.

—Vamos Omar, almorcemos primero como dos buenos amigos. Dejá las preguntas para después.

—¿Cómo buenos amigos?

—Dale Omar, no juzgues tan a la ligera. Todo tiene su explicación.

Omar niega con la cabeza y aplasta el pucho en el cenicero.

—El alijo continúa escondido en la villa. Pero aunque usted la arrase a fuego y fierro no lo encontrará. Así que evite pavadas conmigo. No se lo pienso volver a repetir.

—Los jóvenes hoy en día ya no respetan a sus mayores ¿Viste? ¿Podés aclararme por qué lo escondiste? El trato es que se lo entregaras a nuestro distribuidor, como siempre.

—Un amigo me advirtió que me iban a traicionar. Y le creí.

—Tenés mucha suerte, Omar. Así que creíste a tu amigo y por eso lo escondiste. Confiaba en vos. Ahora mismo podría dar orden de que asesinaran a toda tu familia. ¿Lo entendés, pedazo de pelotudo?

—Hacelo, pero ya nadie querrá trabajar para vos. El Paraguayo le dará la espalda y buscará otro pez gordo en el río. Recordá que le debés mucha guita; incluso más de la que vale su propio pellejo de viejo hijo de mil putas.

—Cinco millones de dólares me los banco fácilmente. Vos sos quien se los debés en verdad, no lo olvides. Piensas que te traicioné; pero no es así. Yo no te traicioné. Simplemente mi mano no puede abarcar por completo la magistratura. El silencio y la impunidad que compro hoy, otros la revenden en el mercado político cuando sopla el viento del sur.

—¿Por eso mandaron la cana a mi casa, porque so-
pló el viento? Quiso cagarme, pero le salió como el culo.
Debería saber que los pobres nos andamos siempre con
cuidado. Tenemos nuestro código.

—Son negocios, hijo mío. Qué te puedo decir. Sé
razonable. Pero si volvés a llamarme hijodeputa en mi
casa te destruiré como el ñoqui que sos. No obstante,
aún estamos a tiempo de cerrar un trato.

—Le escucho.

—Vos devolvés el alijo, y yo te perdono la vida a ti y
a los tuyos.

El Intendente juega con el encendedor de oro entre
sus dedos.

—Me parece bien —dice Omar.

—Tendrás que renunciar a tu parte —matiza el
Intendente—. Y hacerme un último encargo.

Omar siente un hormigueo en los brazos, como si
somatizara la sensación de peligro.

—Mi parte la di por perdida el día que me traicionó. No hay problema. En cuanto al encargo, no va a ser
posible. Quiero dejar esta vida, dedicarme a otra cosa.

—¿Y qué te hace pensar que voy a permitirlo?

—Tengo un proyecto en mente, en la villa. Podría
hacerle ganar algunos votos.

—Hablá.

Omar sabe que no tendrá otra oportunidad como
esta, y no quiere desperdiciarla. Mira al Intendente fijamente a los ojos y su sueño se cristaliza.

—La villa tiene su potrero. En él los niños aprenden, se desahogan; pero hay tantas cosas malas a su alre-

dedor. Los niños descuidan la escuela, se pelean con sus padres, en fin, se malogran. En la villa hacen falta recursos para los niños y las niñas; para que no abandonen sus estudios, para que se recojan en un mismo lugar y se sientan seguros. Quiero que su partido financie una biblioteca en la villa y que me permita gestionarla. Una biblioteca pública, pero piola, con muchas actividades y apoyo escolar. Emitirá los permisos necesarios y la inaugurará. Sería una buena publicidad para su candidatura.

—Dejá que lo piense.

De pronto, entran en el despacho dos muchachas jóvenes que extienden un mantel celeste sobre la mesa de cristal y colocan cubiertos y vasos, una cestilla de pan y una jarra de cerveza. Tras ellas, Amelia viene cargada con una bandeja de bifés de lomo acompañados de una montaña de puré de papa. El Intendente hace muecas obscenas a las muchachas y ellas sonríen. Omar siente náuseas; el olor de los bifés, las sonrisas forzadas.

—Servite, Omar. ¿O prefieres que lo hagan ellas?

—No tengo hambre. Coma usted, no hay drama.

—Sos maleducado y puto.

—No quiero comer. Se me revuelve el estómago pensando en cómo se tendrá que coger a esas pendejas.

—Hijo, en su momento me cogí a sus madres, me las cojo a ellas ahora y me cojeré, si nada me lo impide, algún día a sus hijas.

—Sos un auténtico asco de persona ¿Qué puedo decir?

Las muchachas sirven los bifés y el puré de papas en los platos. Amelia hace lo propio con la cerveza. Después se retiran.

—Está bien. Tendrás tu biblioteca—dice el Intendente, mientras trocea su bifé con el cuchillo—. Pero si me entero que continúas en el negocio o que tratás de cirujearme de algún modo te mataré como el perro que sos. Te lo reconozco. Soy un asco. Pero un asco absolutamente necesario para nuestra comunidad.

El cerco y la barricada

Sirenas silentes giran en el techo de los vehículos blindados, los furgones y las patrullas. Hay decenas de efectivos distribuidos por todo el perímetro, en los accesos y en los viveros contiguos, agazapados y no, tomando posiciones. Para impedir su entrada, tres enormes barricadas protegen la fábrica. En ellas se entremezcla la vida y la muerte, pues han arrojado en su interior el árbol, la roca, la nube, el fuego; la temeridad y también la sensatez. Decenas de neumáticos arden en la vanguardia, levantando grandes columnas de humo negro, y un amasijo de ruinas con dientes y púas saluda desde atrás, en el que se distinguen autos quemados, vigas de cemento como mástiles, hierros y maderas retorcidas, una ruina en movimiento nacida para la defensa prodigiosa.

De cuando en cuando vuela por el aire una piedra, o un petardo lanzado con un tubo de aire comprimido por obreros encapuchados que se turnan en el camino que conduce a la nave principal. Lo hacen para mantener encendida una tensión prolija en verdad, e igualmente por aburrimiento vaticinador. Los policías mantienen el diálogo lanzando botes de gas lacrimógeno y pelotas de goma que, a esa distancia, rebotan blandamente contra el suelo como si buscaran las manos de un niño. Cada una de las fuerzas desagravia a la otra. Porque ambas se sienten en el fondo avenidas en la adversidad, a la espera de nuevas órdenes o acontecimientos imprevistos, sin ganas de que lleguen, pero sabiendo que lo harán más tarde o temprano y para siempre.

Dentro, los trabajadores se organizan. Dos veces han conseguido romper el cerco de la policía, más bien evadirlo con habilidad, por el caño que atraviesa la colectora bajo la autopista, pero desde que hace dos días descubrieron regresando clandestinamente a un pequeño grupo de incautos que portaban varias carretillas cargadas con carne, papas y cerveza, y se liaron a tiros, todos permanecen atrapados sin posibilidad de salir. Apenas les quedan víveres y el cerco se estrecha por momentos. Las noticias no son buenas, y los ánimos decaen. Entre tanto, la fábrica intenta sostener su rendimiento. Hay un acuerdo con una empresa de Brasil para dar salida a la producción del mes; acuerdo alcanzado directamente con los trabajadores. Todos saben que la situación pende de un hilo, que si la policía entra perderán la fábrica, y con ella sus trabajos, su dignidad y, con bastante probabilidad, su libertad.

—Tenemos que decidirnos, compañeros. Los sindicatos nos dieron la espalda. Nos quedamos solos, che —advierte el gordo Chorri con los carrillos hinchados y enrojecidos.

Formando un círculo, en medio de la nave principal, los trabajadores elucubran su porvenir. Algunos atienden desde los niveles y galerías superiores, vigilando a la vez a la Linda, que no cesa de chirriar y rendir. Sus rostros preocupados se beben las últimas palabras del gordo Chorri. La luz se cuela por las cristaleras del techo, y también la sombra sonora de los helicópteros que sobrevuelan la fábrica.

—Eso ya lo sabía yo —dice un obrero oscuro y corpulento, de nombre Matías—. El día que vino el loco Guzmán y los representantes de la UOM con caras de monos aulladores y ortos inmensos para hacerse la foto y copar todas las portadas de los periódicos, lo supe.

—Y qué se yo —apunta Marcelo—. Guzmán es lo de menos. Los abogados tampoco ven una causa razonable en todo esto. Los dueños se han declarado en quiebra y tienen derecho a cerrar la fábrica, porque es suya.

—Entonces que nos indemnicen y listo —dice el flaco Quico.

Está sentado en un peldaño de la entrada del horno. Sus manos parecen buscar algo en los bolsillos, aunque luego no muestran nada.

—No podemos perder la fábrica —responde el gordo Chorri—. Da millones de beneficios cada mes. Eso lo sabemos todos. No pueden cerrarla. Si se quieren ir, que se vayan. Pero que nos dejen la fábrica, y el trabajo. Algunos llevamos trabajando acá más de veinte años. ¿Dónde podríamos trabajar ahora? No hay otra fábrica como esta en toda la Argentina, la puta que los parió.

—Algo tenemos que hacer —insiste Matías.

—¿Y qué vamos a hacer? Pues resistir —suelta el gordo Chorri.

Matías mira al gordo Chorri, sin enfado. Ambos se conocen y se aprecian.

—Nos matarán de hambre —señala otro obrero, y se limpia de sudor las manos y la cara—. Tendremos que arriesgarnos a salir de vuelta.

Sus palabras suscitan un murmullo sombrío que trepa por las paredes y dibuja el miedo.

—Yo lo haré —dice Matías convencido—. Como he dicho antes, algo tenemos que hacer.

—Cortaron la línea telefónica, y han debido instalar inhibidores en las cercanías, porque no hay señal *wifi* ni funcionan los móviles. Sabemos que otras fábricas del cinturón nos respaldan; y algunos medios. En la radio hablan cada dos por tres del asunto. Estoy de acuerdo con los dos, Chorri. Hay que actuar y aguantar todo el tiempo que se pueda —expone Charly, que hasta el momento se había mantenido taciturno y silente en un rincón, fumando un pitillo tras otro.

El gordo Chorri y Matías asienten.

—Yo creo que la cosa ha dado hasta aquí y que deberíamos regresar a casa. Pienso en mi mujer y mis hijos y... —dice otro obrero, situado en el segundo nivel.

Todas las miradas se vuelven hacia él, unas con conmiseración, sellando dichos sentimientos, otras desafiándole, como si la rendición resultara una apostura inadmisible.

—Pensá precisamente en ellos, querido —le dice el gordo Chorri—. Qué, ¿vas a ponerte a vender por los semáforos pañuelitos o a vender empanadas caseras cuando te quedes sin laburo?

El obrero se contrae y cierra en dicha contracción sus puños. Distingue la verdad positiva en la pregunta. E imagina. Y no le gusta.

—Escuchame. Hay otro túnel diferente al de la colectora; un conducto de respiración que nace debajo de los hornos. Desciende hacia el arroyo Valdés, saliendo por la finca de la Chacarita. Lo malo es que tiene reja. Necesitaréis soplete y tenazas. Yo estoy muy viejo, si no, iría con ustedes. Se podría intentar esta misma noche.

El que habla es Don Lucas, uno de los trabajadores más antiguos de la fábrica. Fue jefe de los mecánicos antes de jubilarse. La dirección le ofreció mantenerle en nómina intangible. Eso sí, cobrando la mitad que antes.

—Si la cosa funciona, deberíamos tratar de comunicarnos con alguna cadena de televisión o con algún periódico importante. Explicar lo que ocurre acá —dice Matías.

—Mi cuñado es periodista —revela el flaco Quico—. Si lo de esta noche sale bien, podría llamarle por teléfono. Aunque dependerá de la potencia de los inhibidores.

—Alejate hasta que encontrés señal —puntualiza el gordo Chorri.

—A ver compañeros. Vivimos una situación muy delicada que exige un esfuerzo enorme por parte de todos. No podemos estar toda la tarde debatiendo porque hay que fabricar otros cien metros de caño, que al final es nuestro pan, nuestra alegría, y lo que importa. Lo demás no depende de nosotros, aunque sin duda podemos favorecer en lo posible. ¿Qué creéis, que le importa a la gente lo que pasa aquí? Putearán como hacéis vosotros cuando escucháis una noticia que os retuerce los chinchulines, pero luego cada cual a lo suyo. Es lo que hace el sistema con nosotros: dividirnos. Mantenernos en una situación continua de supervivencia individual ¿Y sabéis para qué? Para que algunos vivan en sus palacios como emperadores —explica Charly, que parece cortar seda con un cuchillo invisible.

—Che... ¿Votamos? —grita Marcelo—. Tanta charla me está rompiendo ya las pelotas.

—¡Y sí! —dice el gordo Chorri— Compañeros... Entonces intentamos salir de vuelta al exterior, conseguir comida, contactar con la prensa o con quien sea, y resistir acá dentro el máximo posible. Quien esté de acuerdo que levante la mano.

Las manos comienzan a alzarse, primero unas pocas, después otras cuantas más, como doradas por la brisa, hasta que una nueva tanda arrastra al resto, con un soplo, siendo que finalmente todos los obreros van a una, los rostros iluminados, poco convencidos, pero dispuestos a intentarlo pues son como un solo cuerpo propulsado.

—¡Grosso! Estamos de acuerdo entonces. Ahora hay que mojarse. ¿Quién se anima a sisar en la Chacarita conmigo? —pregunta Matías.

—Yo ya he dicho que voy. Conozco la finca bien. Además sé donde podemos conseguir comida, y si puedo hablar con mi cuñado mañana salimos en la portada de La Nación —asegura el flaco Quico.

—Buenísimo —dice Matías—. Pero harían falta por lo menos otras dos personas. Alguien que sepa manejar piola el soplete.

Marcelo da un paso al frente y todos entienden.

—Tendrás que abrir un agujero muy grande para que te pase la cabeza —dice Charly colocándose a su lado—. Yo también voy.

—Eres un hijodeputa, ¿lo sabés? —le contesta Marcelo.

—No berreés tanto, trolita; fue Dios quien te la colocó, no yo —continua Charly.

—Muy bien. Los demás regresar al trabajo y apurarse. En cinco días tenemos que tener el pedido para los brasileiros preparado —dice el gordo Chorri, para terminar la asamblea.

El pequeño grupo se abrió paso por el conducto de respiración que, tal y como les había expuesto Don Lucas, les condujo bajo la fábrica directamente al exterior. Marcelo tuvo que afanarse con el soplete al final del mismo, pues la reja estaba acoplada a conciencia, pero consiguieron salir. La chacarita, colmada de pasto y sombras arbóreas, se difuminaba con la niebla del amanecer, silenciosa, húmeda e irreal. El flaco Quico se alejó con el móvil en la mano por una senda pegada al muro, con cara de espectro naciente. Matías y Charly se dirigieron con rapidez hacia la casa de la finca, situada en el lado sur. Marcelo se quedó en la entrada del conducto, con el soplete preparado, aterido por el frío, guardándose las ganas de fumar por si alguien le veía encender un pucho, pensando y repensando, quién sabe. Del flaco Quico nunca más supieron. Los otros se toparon con el guarda, el cual, tras explicarle quiénes eran y la situación que arrastraban, bajó su escopeta y los acompañó él mismo a la alhacena de los dueños, donde cargaron con todos los suministros que pudieron, antes de regresar por el mismo camino, demostrando que la suerte viene y va, sin roturas, pero provisoria. Tal vez, por eso mismo, la policía los esperaba. Los tiros empezaron a silbar por encima de sus cabezas mientras las ovejas y los gansos de la finca corrían haciendo círculos entre los ombúes. Un disparo alcanzó a Matías justo cuando Marcelo comenzaba a soldar de nuevo la reja de la entrada. Las chispas iluminaron durante algunos minutos la sangre que brotaba de su espalda. Luego, los dos amigos arrastraron amargamente a su compañero por el interior del conducto hasta que sus gritos y maldiciones alertaron a los demás.

Nadie pudo descifrar si fue por el flaco Quico o qué, pero al día siguiente los periódicos y noticiarios se hicieron eco del sitio en la fábrica. Miles de personas marcharon a protestar a la Casa Rosada, donde se unieron a otras tantas. El gobierno pactó una tregua con los trabajadores y pudieron abandonar el encierro durante unas horas para enterrar al compañero Matías, y acompañar a su mujer y sus hijos, sobrevolando el sepelio bandadas de abogados y periodistas que picoteaban sus entrañas con ofertas cuantiosas; y pudieron ultimar el pedido de los brasileños, amparados por tratados internacionales, casi un kilómetro de caño, transportado inmediatamente en camiones de catorce ejes, descoloridos, por la ruta de Paraguay, custodiado por patrulleras cariocas, preparado para reventar cualquier paraíso, para transportar el crudo insidioso bajo la mirada impotente de sus moradores.

Pero ahora la partida se aviva. De nuevo el cerco se cierra, aunque sutilmente. Cuatro días llevan los trabajadores confinados en la fábrica, y la consternación colma la nave principal. Aguantan por principios, rabiando, con la muerte de Matías en sus espaldas, sin más encargos con los que trajinar la esperanza ni oportunidad alguna para seguir contando con el apoyo de las masas sociales, dirigidas por los medios a otras desgracias: el terremoto en Salta, la sudestada inundando el delta, el paro del Subte, el derrumbe de un edificio en la Avenida 9 de Mayo. Es como defender una casa desahuciada. Los policías no se arriesgarán a franquear la barricada. Tienen órdenes, por contra, de defenderla.

Dentro, el sentimiento de lucha es desigual. Algunos obreros vigilan en las ventanas, con la mirada perdida y sinuosa, mientras otros permanecen en las galerías, a la espera. No obstante, unos disparos los alertan. Un colectivo ha doblado por la borde de la colectora y marcha a toda velocidad por el camino. Decenas de policías disparan desde el cordón de vehículos blindados y furgones. Las ventanas de la fábrica se llenan enseguida de rostros cansados y curiosos. Varios trabajadores salen por el portón de la nave y agitan los brazos, pretendiendo frenar lo irrefrenable, los estómagos contraídos, observando cómo el colectivo atraviesa el cordón, y después la barricada, agujereado por los tiros, deteniéndose lentamente en la entrada de la fábrica, envuelto en llamas, tratando ahora de rescatar el cuerpo épico y destrozado del flaco Quico.

El reencuentro

Un deportivo de alta gama con los cristales tintados toma una salida concreta de la autopista de circunvalación. Quiere entremezclarse, sin lograrlo, con el resto de coches que circulan, y que en este instante son como una madeja de insectos tratando de no chocar unos con otros, avanzando en todas direcciones. El deportivo atraviesa la calle principal, atrayendo múltiples miradas, dejando atrás barriadas, boulevares y descampados, dirigiéndose inexorablemente hacia el fondo. La villa se retuerce mordiendo con su encía de color terroso las calles asfaltadas. Es como mirar una bella nave marchando hacia la tormenta; un recurso escaso enfrentado a los elementos; pura poesía visual.

No es, claro está, el único coche de estas características que entra y sale de la villa. Sin embargo, algo extraordinario guarda, aunque nadie pueda imaginarlo. Otros vehículos marchan de vuelta, cruzándose con su estela abigarrada, portando el alivio del faso heroico o la bolsa ardiente con la que iniciar el juego. Dobla por la calle Antártida Argentina y recorre la humildad de Maipú hasta alcanzar la plaza. Acelera un poco, suavemente, antes de aparcar junto a la vieja carnicería. Leandro baja del coche y camina hacia el potrero. Unas porterías de metacrilato sustituyen a aquellas de madera que su mente evoca. Han pasado veinticinco años, y todo le resulta a un tiempo diferente y similar. Se sienta en uno de los bancos de fierro que lo rodean, camuflado tras unas gafas de sol y la capucha de su saco. Prende un pucho y mira su reloj. Espera, en tanto va tirando del hilo de algunos recortes de su infancia que son como legañas en sus ojos.

Dos siluetas desembocan en la plaza por la calle Neuquén, cuando el atardecer cultiva las sombras en la villa. Varios niños se divierten encendiendo petardos en las regueras de los desagües. Los gritos de una vecina los espolean hacia otro lugar. Marcelo y Juli caminan de la mano, aproximándose al potrero por uno de sus costados.

—¡Hola Leandro! —grita Juli, para sacarle de su abstracción.

Leandro se vuelve y se pone de pie. Nota cómo se acelera su corazón. Las emociones transitan su rostro, con los ojos humedecidos, el ceño fruncido y apurado, y sonriendo a la vez.

—¿Y vos quién sos, preciosa? —pregunta.

—Es mi hija —responde Marcelo, con seriedad—. Me ha estado rompiendo las pelotas todo el día para que la dejara venir. Y yo todo el tiempo que no, que no puede ser chinita, que hace muchos muchos años que no nos vemos Leandro y yo; y qué sé yo... que a lo mejor sos un forro, y ella dale que dale, que sí, papi, dale, y mirá que me convenció.

Leandro se acerca para dar un beso a Juli. Una moto irrumpe ahora en la plaza, pasando entre los coches aparcados en la vereda, vomitado humo. Salva el perímetro del potrero y se para a unos metros de ellos derrapando. Omar sonríe mientras apoya la moto contra una farola.

—Ya estamos todos —suelta de improviso—. Deberíamos ir donde la tasca del Geno. Si la gente te reconoce, hermano, no vas a poder quitártela de encima.

—Me parece bien —dice Leandro.

—Juli, ves donde la tía Lala y esperame allá —indica Marcelo.

—Pero papi —protesta Juli; aun leyendo en la mirada de su padre que esta vez no hay nada que hacer.

La tasca del Geno es un bar-rotisería ajado y borroso, donde algunos parroquianos se reúnen para platicar, comer y escabiar a gusto. Una mezcla de carteles de viejas figuras del boxeo: Nicolino Locche, Víctor Galíndez, Jorge Castro, ocultan las manchas de humedad de las paredes. Todo tiene como una capa de polvo por encima, hasta el aire. Los tres amigos ocupan una mesa próxima a la barra. Mientras, afuera, una pequeña multitud de curiosos escinde el desafío de saludar a su ídolo, controlados por Geno, que porta en su mano un largo machete de podadura.

—¿Por qué después de tantos años, de pronto, nos contactaste? —indaga Marcelo.

Omar llena los vasos con una litrona.

—No sabría cómo explicarlo. De pronto un día, me acordé de ustedes.

—¿Nos recordaste, así? —cuestiona Marcelo.

Leandro observa un punto fijo de la pared y es como si mirara una fotografía antigua.

—A veces pienso como hubiera sido mi vida si alguno de ustedes dos hubiera ganado aquel día en el potrero.

Geno abre la puerta y apenas puede sostener con sus brazos la masa de gente que se agolpa tras la misma. Hace un gesto a los tres amigos reclamando una solución. Y como ninguno se la da, decide cerrar la cancela, con cara de sobresalto y maldiciones.

—Apenas lo recuerdo, la verdad—dice Omar.

—A mí me parece como si nunca hubiese ocurrido—añade Marcelo.

Los primeros golpes en la puerta son como un anticipo de lo que viene. Se ha corrido la voz y una corriente humana converge en la plaza con ahínco. Los jóvenes se abren paso con rudeza, desplazando a los más pequeños hacia atrás y enfrentándose a los mayores por el mejor sitio. Algunos lucen camisetas con su nombre, el número nueve a la espalda, como un arcano bendecido, otros muestran tatuajes con su perfil. Los jóvenes sonríen, pero con una excitación tan intensa que destapa sus esperanzas frustradas. Todos desean ver a su ídolo de cerca.

—Yo sí lo recuerdo. Os prometí que os la devolvería si me agarraban en la prueba. Pero nunca lo hice.

Omar se levanta y busca a Geno, que se ha metido en el almacén. Los cánticos empiezan a sonar, al compás de los golpes de los puños y las conciencias. Las paredes tiemblan. Un par de cuadros se caen al suelo.

—Me agarra como un frío en la cancha. Me pongo nervioso al pedo. Y luego se me descoyuntan las piernas al correr. Parece ser algo psicológico, algo así como estrés. El médico del equipo dice que todo está acá, en mi cabeza. Estos meses han sido complicados, demasiado. Mi familia sigue en España. Los añoro. Me siento como un exiliado que regresa y no reconoce sus pagos. Es muy loco, che.

—Pues tomátela —le aconseja Marcelo.

—Eso es. Andate a una isla desierta o algo así —agrega Omar.

—No funciona. Creeme.

Geno sale del almacén, en tanto Omar le frena con un gesto, señalando hacia la puerta.

—La puta que los parió. ¡Quítense de ahí! —exclama Geno —. Mirá cómo se refriegan contra el cristal. Lo van a romper.

—¿Pero qué hacen estos tarados? Van a entrar —apunta Marcelo.

—Es como echar al fuego un bidón de nafta —dice Geno—. Acabo de llamar a la cana. Ya vienen.

—¡La reconcha de tu madre! —dice Omar, y va junto a él para ayudarlo.

—Leandro, hay que salir de acá. Estamos en el horno —dice Marcelo.

Afuera, se escuchan silbidos y gritos, enredados con las sirenas que se aproximan. Casi al instante, como si el simple contacto con la autoridad volatilizara la carne y los huesos, una parte de la multitud se esfuma. La plaza de la villa se transforma entonces en un corolario elemental, donde una veintena de porras y escudos convierten las sonrisas en llanto y la ilusión en una soga, mientras llueven piedras y botellas de vidrio. Un hatajo de policías irrumpe ahora en el bar, logrando mantener un endeble pasillo delante de la puerta. No obstante, la marea pugna, estabilizándose en sus nuevos límites, sonando a líquido que hierve, a viento encrespado, a zumbido de insectos.

—Vení, señor. Vamos a sacarlo en una patrullera —dice uno de los policías, agarrando del brazo a Leandro.

—Pará pelotudo —contesta, zafándose.

El policía se encoge de hombros. Geno se apura en recoger las mesas del local.

—Hay periodistas fuera —explica el policía.

—Alguien les habrá llamado para sacar tajada.

—Nadie de la villa lastimaría a Leandro —apunta Omar, convencido.

—Tenemos órdenes de ponerle a salvo —prosigue el policía.

—Órdenes, ¿de quién? —pregunta Marcelo.

—Del comisario, pedazo de mierda —afirma otro policía.

—Cuidado con lo que platicas, boludo —advierte Omar, poniéndose delante de Leandro.

Durante varios segundos, la autoridad y los amigos despliegan un pulso etéreo. Omar sostiene en una mano una botella, que aprieta con rabia, en tanto los policías aguardan tranquilos con las suyas apoyadas en las armas.

—¡Basta! Me voy con ustedes —dice Leandro—. No quiero que tengáis problemas por mi culpa —añade, mirando a sus amigos.

—Ya tenemos muchos problemas sin tu culpa, hermano —señala Marcelo.

—¿Y qué pasa con tu auto? —pregunta Omar.

—Que se lo quede la villa.

Ya sacan a Leandro por la puerta, con una chaqueta cubriéndole la cabeza, aunque Leandro se la quita de encima en cuanto puede. Las manos tratan de tocarle, con un cariño fanático. El ruido es ensordecedor.

—¿Qué se siente al regresar a su antiguo barrio?—pregunta un periodista, alargando su brazo, sosteniendo en la mano un micro que fluctúa entre otros.

—¿Son ciertos los rumores de que va a poner fin a su carrera deportiva?

Los cámaras tratan de colarse en la marea, aunque decenas de cabezas y cuerpos se lo impiden. El pasillo se estrecha y los policías han de emplear toda su fuerza para continuar avanzando. Por un instante, todo parece que se va desbaratar, aunque los disparos al aire de un policía median con la realidad, matizándola, dulcificando la escena, anticipando el miedo.

—Os cité hoy para proponeros algo —dice Leandro, volviéndose hacia sus viejos amigos.

—Pues hablá ya pelotudo —contesta Omar desde la puerta del bar.

El deportivo de Leandro permanecerá intacto unos días, al lado del potrero. Pero la acción del tiempo y la necesidad comenzará a mellar su presencia extraña, estableciendo el recorrido de la entropía y el uso. Primero la chapa irá desapareciendo tramo a tramo, acosada por moleadoras y sierras de corte, dejando a la vista un interior hecho de músculos, huesos y órganos. La tapicería de cuero, los asientos, el volante y el resto de elementos internos serán llevados en oleadas por manos jóvenes y firmes, vendidos en cualquier tienda de accesorios de Buenos Aires. El motor, inusualmente, acabará sirviendo de mesa en un jardín. Muchos talleres acogerán las piezas mecánicas como si las tutelaran por desamparo. Muy pronto solo quedará el chasis, como si se tratara de un cadáver, en el que las partes blandas son devoradas, quedando apenas el armazón óseo, que irá difuminándose lentamente bajo el ejercicio de los hongos y las bacterias; también de los meteoros, del sol implacable, del viento firme y la lluvia generosa.

—Quiero viajar, conocer el país. Me he dado cuenta que apenas lo conozco. Quiero entender qué pasa conmigo. Y quiero que vosotros me acompañéis, que hagamos esto juntos —grita Leandro, antes de que los policías le metan en la patrullera que, no por mucho tiempo, le sacará de la villa.

El viaje

Siguiendo una de las cientos de rectas inmanentes que componen la ruta 40, hacia el norte, con la bucólica y turbadora visión de la cordillera de los Andes a su izquierda, colmada de picos extraordinarios, cerros gigantes y valles escabrosos, y la sinuosa ecuación de pampas, selvas de yungas o desiertos a su derecha, los tres amigos recorren el país como quien recorre una estantería con los ojos. Llevan dos semanas viajando, aunque más que viajar, van situando sobre un mapa diferentes memorias clandestinas, pertenecientes a la historia oculta de la Argentina, desde Buenos Aires a Tierra de Fuego, mordiendo kilómetros hacia el sur, improvisando la enorme distancia sustraída, Bahía Blanca, Viedma, Rawson, Puerto Deseado y las costas atlánticas, Cabo Vírgenes y Ushuaia, sumergidos en un vaivén caprichoso, sintiendo el frío extremo de la Antártida; poniendo de nuevo rumbo hacia el norte, hacia Río Gallegos, y después al Calafate, coloreado de paisajes como sueños, visionando las montañas más bonitas del mundo, como el Fitz Roy, y el lago Argentino, los campos, las industrias, los pueblos, subiendo y subiendo, desde los glaciares de Santa Cruz, hasta Chubrut y sus bosques de alerces en Río Negro rodeando el lago Nahuel Huapi, mirando de reojo el Cerro Tronador, hacia Neuquén por el camino de los Siete Lagos, pasando por San Martín y Junin de los Andes, Las Lajas y Chos Malal. En Mendoza sintiendo como un peso provisorio la sombra del Aconcagua, y el turbador bosque petrificado de Llano Blanco, y la Caverna de las Brujas; y en San Juan la poderosa agricultura, y sus viejos molinos; y en La Rioja sus sierras: Sañogasta, Famatina y Velasco; y en Catamarca la extraña Londres; y Antofagasta de la Sierra, con sus elevadas cumbres: el Ojos del Salado, y el Tres Cruces. Entrando en Tucumán por los Valles Calchaquíes, vivenciando el día a día, llevados por el viento y el azar, olvidados de la cotidianidad porteña, compartiendo recuerdos y experiencias, recobrando la amistad arrebatada.

El motor del Ford Mustang del 64 ronronea como un gato, voluptuoso y a la vez amenazante, y chupa nafta como un lepidóptero el polen de las flores. Marcelo insistió en alquilarlo al emprender el viaje. Omar se encargó de establecer la ruta y Leandro de ir saldando los gastos esenciales. Este último, para evitar en lo posible ser reconocido, se ha teñido el pelo y oculta su rostro tras unas lentes oscuras. En el asiento del copiloto, va observando un enorme viñedo que parece flotar sobre la tierra polvorienta. Omar dormita estirado en los asientos de atrás. En la radio suena la voz del Indio Solari. Se encuentran cerca de las ruinas de Quilmes. Un cartel oxidado, lo anuncia. Las torrenteras y los arroyos bajan secos y muestran enormes trozos de roca arrancados por la fuerza del agua ausente. Los algarrobos retorcidos y los cardones enormes custodian la carretera. El sol está cayendo en el cielo, y la luz del crepúsculo aviva los colores de los estratos.

—Este paisaje parece un sueño —dice Leandro.

—Otro planeta sin duda, hermano —responde Marcelo.

Marcelo baja levemente el volumen para escuchar mejor a Leandro.

—Estoy deseando llegar a Calafate —continúa Marcelo—. Oí que el vino por acá es buenísimo, incluso mejor que el de Mendoza.

—Viendo la tierra tan áspera, cuesta creerlo.

Omar se revuelve somnoliento y hurga en sus bolsillos. Algo pincha su mente, transformándose en palabras.

—Los viñedos los trajeron los españoles —explica—pero antes que la uva, ya existía el maíz.

—¿Qué querés decir? —indaga Leandro, volviendo su rostro hacia atrás.

Omar pide fuego con un gesto al espejo retrovisor y Marcelo le lanza enseguida un mechero que agarra en el aire. Por un momento, se queda jugando con él entre los dedos antes de encender un pucho.

—En esta región prosperó la cultura de los Quilmes—comienza—. Llegaron acá huyendo de los Incas, desde Chile, y, aunque guerrearon primeramente con las comunidades calchaquíes locales, finalmente colaboraron con estas y vivieron en paz. Adoraban a la Pachamama, y a Inti, el sol, y a Mama Quilla, la luna, y a los dioses de las cimas, del viento, el fuego y la tierra. Toda la economía giraba en torno al maíz, y también al pastoreo de llamas, vicuñas y guanacos. Cien años estuvieron resistiendo al Imperio español, y cuando sucumbieron, a los sobrevivientes, unos cuatro mil, los llevaron caminando hasta Buenos Aires, muriendo la mayoría en el trayecto. La ciudad terminó por engullir su legado. Y otro pueblo más que se extinguió.

Leandro apoya sus manos en el reposacabezas y observa a Omar.

—¿Cómo sabés todo esto? —le pregunta.

—Siempre me interesó la historia —contesta Omar.

—Y entonces, ¿por qué te dedicás a lo que dedicás?, che —cuestiona Marcelo, desdeñando su comentario.

—Para dedicarme a lo que me dedico es imprescindible saber varias cosas —se defiende Omar—. Boquear poco, o lo que es igual, permanecer callado y atento, no ser chirolita, ni sarpado, ni perejil, tampoco ir de capo y esperar con esto que, aunque el conocimiento no evite las balas, a veces disuada a quienes quieren apretar el gatillo.

Un silencio ácido los envuelve por unos segundos. Las ruinas ya han quedando atrás, escondidas en la falda de la montaña.

—Contanos más, hermano —pide Leandro.

Omar, que aún anda trabado en su interior, de pronto despierta.

—Nadie lo sabe. Pero estas regiones ya estaban pobladas hace 15.000 años. Vinieron desde Asia y cruzaron al continente por el Estrecho de Bering cuando estaba

helado el paso por el Océano Ártico. Imaginaros el recorrido. Fueron siguiendo las migraciones de los animales,
cazando y asentándose. Cazaban ballenas, focas, cari-
búes, y domesticaron al lobo y al reno. Desde América
del Norte se fueron desplazando rápidamente hacia el
sur, por la costa. Algunos clanes se asentaron y crecie-
ron, adentrándose otros en las entrañas del continente,
siguiendo los ríos y los valles. Los que tomaron el lado
izquierdo, el del Océano Pacífico, adoraron siempre la
Cordillera de los Andes, a la que hicieron diosa del mundo; los que fueron por el derecho, se encontraron con
el Caribe, quedando maravillados. En Centroamérica se
volvieron a encontrar, y de la mano fueron lloviendo hacia el sur inconmensurable, eterno, lentamente.

—Pará, pará, forro —interrumpe Marcelo. Cualquiera sabe esa historia.

—No creas, cabeza. Además, sólo estoy haciendo
una pequeña sinopsis para llevar la conversación a un
punto concreto.

Marcelo se ríe y pisa el acelerador.

—Qué punto ni qué macana. ¿Por qué no chequeás
el móvil y nos dices cuanto queda?

La corrección no le gusta a Omar. Con todo, consu-
ta el navegador.

—Sos un tremendo pelotudo y un orto incandescente. Tenemos aún una hora de camino. Si estás cansado, viejo, puedo relevarte para conducir. Mañana
quiero visitar a un viejo amigo que conocí en Buenos
Aires. Un tipo interesante, os gustará. Trabajaba en las
alturas, construyendo rascacielos.

—Dale entonces —suspira Marcelo—. Ilustranos, flaco.

—La historia de los pueblos indígenas en Argentina es curiosa sin duda. Fueron desde su origen tremendamente aguerridos y valientes. Hay que pensar, y esto es tremendo si se concibe, que fueron los seres humanos que más lejos llegaron en sus migraciones, y por tanto los más curiosos e imprudentes. Poblaron el extremo sur del continente, tan vasto y desigual en orografía y clima que apenas tuvieron motivos para combatir o luchar. Se adaptaron y desarrollaron, viviendo en una paz relativa, más real cuanto más a sur, menos efectiva en cuanto existía contacto con los imperios. Los incas, y luego los españoles, acabaron o malograron culturas milenarias como la Kolla y la Diaguita en la puna, o la Guaraní, la Charrúa en las inmensas selvas del noroeste, civilizándolas, fragmentando sus costumbres y tradiciones, asumiendo dialectos y religiones, como el quechua peruano y el culto al sol, o posteriormente el castellano, y las misiones jesuitas. Las conquistas y las epidemias posteriores, procedentes primero desde el Virreinato del Perú, y después desde el gobierno colonial rioplatense, golpearon y diezmaron las comunidades indígenas, levantando lindas y estratégicas ciudades, desde las que dispensar el terror, apropiándose de tierras y recursos; esclavizando a sus habitantes. Pero la cosa no quedó ahí. En aquellos mismos barcos que antaño trajeron la muerte, más tarde llegó la libertad. Las ideas de la Revolución francesa nutrieron a los criollos, que acabaron rebelándose contra el Imperio español. Los indígenas tomaron parte en la lucha, y se alzaron contra sus opresores, apoyando a los criollos. Muchos atravesaron los Andes con San Martín, otros se le irían uniendo esperanzados, y derramaron su sangre para romper sus cadenas. Sin embargo, al igual que sucedió en otros países, cuando la liberación del yugo fue un hecho, aún estaba por llegar lo peor. Los pueblos indígenas fueron traicionados por los libertadores, iniciándose innumerables campañas de exterminio. Una vez nacieron los países y sus gobiernos, ahora sí de norte a sur, desde las fronteras con Brasil, Paraguay, Bolivia y Chile a Tierra de Fuego. Argentina nació asesinando y expropiando tierras, en sus diferentes campañas del desierto, quebrantando los pueblos que la propiciaron, a los Mapuche o Araucanos, en las pampas y llanuras; disolviendo otros, como los Rankulche o los Tehuelche, engañando siempre a sus líderes cuando les interesaba, destruyéndolos en cuanto podían. Resulta increíble que en nuestros días apenas se recuerden estos hechos. Se condenan las dictaduras recientes, se lloran a los muertos de la Guerra de las Malvinas, pero al indígena se le olvidó y se le sigue olvidando, pues nadie le devolvió sus fueros y su verdad, y aún hoy, su lucha es un misterio profano para la gran mayoría de los argentinos, que se persignan ante la Pachamama, y hasta la rezan con hipocresía, pero nunca salen a manifestarse y a arriesgar su pellejo por los derechos de sus hermanos cuando las marchas y manifestaciones recorren el país desde los viejos valles de la injusticia hasta las ciudades indignas, asediados de nuevo por las multinacionales extranjeras y sus sucios intereses. Mi curiosidad por los pueblos antiguos se forjó tras indagar en mis propias raíces, mientras iba conociendo la causa común de sus descendientes, que es la de todos los pueblos nativos del mundo. Llegué así a aprenderme sus nombres, y con ellos sus diferentes genealogías. Los Atacama, los Chané, los Tapiete, los Abaucán, los Tilián, los Chaná, los Maimará, los Ocloya, los Pituil, los Minuán, los Pular, los Olongasta, los Shagan, los Tape, los Vilela, los Mbyá, los Wichí, los Tehuelche, los Chiripás, los Abipón, los Tilián, los Omaguaca, los Querandí, los Ansilta, los Tastil, los Chicha, los Ocloya, los Tilcara, los Comechingón, los Tonocoté, los Huarpe, los Lule, los Toara, los Chulupí, los Mapuche, los Ona, los Quechua, los Chorote, los Mocoví, los Aymara, los Pampa, los Sanavirón, los Toba, los Pilagá, los Tupí, y otros tantos que desaparecieron antes de las conquistas, y de los escritos, y otros más antiguos aún, que caminaban por los valles y las montañas, que hablaban la lengua de los seres invisibles, protegidos por los dioses, nunca por el destino, en completa armonía con la naturaleza. Pueblos extintos, que ya solo recuerdan las piedras, los árboles y los arroyos.

Aquel otro silencio ácido, litigado sobre la vida de Omar, se convierte ahora en un pensamiento silente, compartido. La música continúa de fondo, pero ninguno la percibe. Los viñedos pintan un mar verde bajo las laderas de los cerros. Los cardones dibujan siluetas negras que conspiran. Por encima, se intuyen las cimas más altas, los nevados y los picos. La realidad de los pueblos indígenas conforma la esencia de la otra Argentina, fuera de las grandes ciudades europeizadas, y es la que los tres amigos sienten en este instante del trayecto.

Cafayate les acogerá como a tantos turistas, y escanciarán vino hasta emborracharse. No obstante, ya estarán impregnados del clamor, del grito atávico y atemporal, y verán en la mirada de sus habitantes la misma tristeza que impregna su villa y todas las villas. La tristeza por la tierra arrebatada, y la espontaneidad de una dicha rebelde que resulta la mayor de las controversias.

Mañana saldrán temprano hacia la Quebrada de las Conchas, y conocerán una de las comunidades indígenas Diaguita Suri-Calchaquí, dedicada al pastoreo y al cultivo del maíz, cuyas construcciones de adobe se camuflan entre las margas calizas y los arbustos resecos, cerca de la Garganta del Diablo, un enorme farallón en la ladera de la montaña, lugar sagrado donde los abuelos y las abuelas continúan realizando rituales a sus dioses, venidos de las estrellas. El amigo de Omar, después de explicarles su trabajo en el maizal, de invitarles a comer con su familia tamales con carne de vicuña, y de mostrarles su modo de vida humilde y sus esperanzas inquebrantables, la tierra que reclaman en los tribunales de la provincia y en la capital, les presentará a un chamán insólito, en la entrada de la garganta, con una sonrisa enigmática, los ojos brillantes y limpios, y un tambor sinuoso, mientras el sol declina nuevamente, reverberando en las paredes de roca, sentados alrededor de una hoguera, escuchando historias y canciones. Y descubrirán el poso oscuro de las plantas medicinales, que les revelará a partir del color y la forma de las ascuas sus pensamientos más profundos. Y viajarán, viajarán a través del cosmos turbio y las sendas celestes, y hallarán sus animales interiores, activando sus destrezas, y entreverán el verdadero sentido de la energía y la materia, la interconexión de cada cosa, la vibración que preserva el universo, desde lo más ínfimo a las galaxias inmensas, guiados por la voz del chamán y algo más.

—He mirado vuestros corazones en el fuego —les dirá el abuelo, en tanto remueve las cenizas con una rama de algarrobo—. Y la gran madre me ha hablado de vuestro sino. En otro tiempo erais un mismo ser y, tras muchos años alejados, ahora regresáis a la raíz. En otras vidas compartisteis cuerpo y mente, uno representaba la boca, otro el estómago, y otro las manos. Fuisteis guerreros sagrados, y vuestros ancestros os bendicen por ello. Me dicen que tenéis una misión peligrosa que cumplir. Veo sangre y muerte, pero también entusiasmo y libertad. Habréis de desenmascarar al demonio, y sortear las trampas de la ley, para unir a los desheredados. Habréis de pasar antes una prueba, hijos míos. Si no lográis superarla, el mal prevalecerá, y devorará vuestras almas para siempre.

Y de este modo seguirán viajando los tres amigos, descubriendo las entrañas de su tierra, sobrecogidos por el alcance, esclareciendo la lucha de los oprimidos, hasta Jujuy, Formosa, Chaco, Santa Fe, Corrientes, Misiones y Entre Ríos, emplazados ya por su causa, tocados por la luz y el viento, dispuestos a emprender un imposible.

El secuestro

Si la ruta de sur a norte fue descifrar el flanco de los Andes, sus pueblos y paisajes, la de norte a sur fue la de la costanera del río Paraná, desde la divisoria de Iguazú a la mítica Resistencia, para alcanzar posteriormente la ciudad de Rosario, y descender ya por la carretera panamericana, de regreso a Buenos Aires, cristalizando un retorno desigual, cada uno con sus cargas fortuitas y sus atribuciones. La noche y el cansancio les sorprende de una y, aunque se encuentran apenas a una hora de casa, deciden parar en Baradero a pasar la noche. El azar los conduce entre campos de melocotoneros y soja, atravesando el centro del municipio, hasta llegar a un viejo camping ubicado en la orilla del río, destartalado pero lindo. Omar se encarga de alquilar un pequeño bungalow de madera, Marcelo de comprar algunos víveres en el súper de la entrada, en tanto Leandro saca las mochilas del maletero del Mustang. No ve ni escucha una furgoneta que viene por el otro lado de la calle y que se detiene apenas a unos metros. Dos tipos se bajan de improviso y, antes de que se dé cuenta de lo que ocurre, lo agarran desde atrás, uno de ellos le encaja una descarga eléctrica en un costado, mientras otro le cubre la cabeza con una capucha oscura. El acelerón rechinante de las ruedas, y las mochilas desparramadas por la vereda ponen a Marcelo en guardia, y cuando Omar regresa, comprueban impotentes que acaban de secuestrar a su amigo.

—Lo secuestraron —dice Omar, arrojando al suelo la bolsa de papel con los víveres.

Su rostro expresa la angustia de quien conoce las particularidades de esta industria. Se tapa la cara con las manos. Marcelo aún se encuentra en *shock*, y tiene que sentarse sobre un pequeño muro de cemento, apoyando sus manos sobre las rodillas.

—¿Creés que sabían quién es? —pregunta.

Omar le mira con enfado, aunque al instante su mirada se ablanda. Sus pensamientos se suspenden, y luego se quiebran bajo el peso de los acontecimientos.

—¿Y qué otra cosa si no, hermano?

—Hay que denunciar su desaparición cuanto antes—dice Marcelo.

—¿Denunciar? —cuestiona Omar—. ¿Vos fuiste cana? ¿En serio pensás que nos ayudarían, pelotudo?

—Puedo decirle a Natalia.

—Yo dejaría a la policía fuera. Al menos por ahora.

—Algo hay que hacer.

Un reloj se activa en el cerebro de Omar, señalando su impronta. Ese *tic tac* es a la vez un embudo. Cada segundo acontece determinante, atrozmente manifiesto. Una lancha motora pasa a toda velocidad por uno de los canales del río, dejando una estela blanca en la oscuridad. Sus pies comienzan a moverse a la par que sus pensamientos. Unos y otros le instigan.

—Dame las llaves del auto —dice, de repente. Voy a comprar una tarjeta de celular. Tengo que hacer una llamada y debe ser con un número intacto.

Marcelo le da inmediatamente las llaves y ve correr a Omar hacia el Mustang.

—¿Sos más de Beretta o de Glock? —pregunta aún, gritando por la ventanilla.

Marcelo no contesta. La última vez que tuvo un arma entre sus manos, su vida se quebró.

—No me mirés así, cabeza —añade Omar—. Encargate de conseguirte un par de ellas. Tardaré un rato en volver. Voy a enterarme dónde escondieron la gallina de los huevos de oro.

Un nuevo chirriar de ruedas conduce a Omar hacia su idea. Es lo único que tiene. Así, mientras Marcelo va trazando un círculo de puchos alrededor, repasando su agenda, Omar alcanza una gasolinera, compra la tarjeta y una botella de licor de whisky, y regresa al interior del Mustang. Las manos le tiemblan cuando comienza a manipular su teléfono móvil. Su mente determina cómo plantear la situación, lo que puede suponer, cómo negociar las condiciones, el peso, la ventaja y el alcance. Omar conoce el número de memoria. Nunca lo anotaría en su agenda. Siempre tuvo una memoria excepcional para retener los números y toda clase de cosas útiles: fechas, caras, direcciones, frases, hasta los más mínimos detalles de una habitación, una calle o una persona. Suenan cuatro... cinco... seis tonos y nadie responde. Las dudas se entremezclan con los recuerdos, deslizándose por su frente sudorosa.

—¿Con quién tengo el gusto de hablar? —dice una voz al otro lado.

—Soy el aprendiz del diablo —responde Omar con desazón.

—Debes estar desesperado para llamar a este número.

—Necesito hablar con el jefe.

La línea permanece en silencio unos segundos. Omar insiste.

—Dale, pasamelo.

—El jefe está ocupado. Decime a mí.

—Tengo que hablar con él, no con vos.

—Ya no formas parte de la organización.

—Se trata de algo personal. Si no me ponés con él, le contaré al viejo cómo le sacas la plata.

—Uy, uy, uy. ¿Me amenazás? Dejame que te diga una cosa. Nunca me gustaste, ni tu manera de actuar en los negocios, ni esa cara de mono que tenés. No podés ni imaginar la de veces que le pedí que me permitiera meterte una bala en la nuca. Jamás he comprendido esa especie de simpatía que te tiene.

Los recuerdos se agolpan en los ojos de Omar en el espejo retrovisor. Omar conoció a Rodríguez en la oficina del Intendente, en tanto vanagloriaba a su padre por torturar disidentes políticos en los calabozos de un centro de detención clandestino ubicado en la comisaría 3ª de San Isidro. Ambos forman parte de un engranaje turbio. Rodríguez es la mano derecha del

Intendente; un inspector de policía encargado de su seguridad personal. También es la persona que administra sus negocios opacos. Omar presenció una vez cómo le rajaba la cara a un pescador solo por reírse de sus botas de cuero blanco. *«Qué linda sonrisa se te quedó»*, sentenció Rodríguez, mientras limpiaba estoicamente la hoja de su cuchillo con un pañuelo.

—Ignoro las razones de un sociópata para sentir simpatía por alguien; aunque me resultan bastante nítidas las de su perro faldero. Qué sé yo. Pero te juro por mi mujer y mis hijos que si no me pasas con el jefe ahora mismo voy a joderte tanto que vas a caminar con el orto en vez de con las patas.

—Pará, pará. No nos pongamos gallitos al pedo. Tiempo habrá para que remediemos vos y yo nuestras discordias. Voy a consultarle, ¿viste? Después de todo no soy un mal tipo. Pero no te aseguro que pueda devolverte la llamada.

—No me fio de vos.

—Pues no tienes otra, muertito.

Omar se queda con el teléfono pegado a la oreja, calculando el sentido de la última frase. Realmente no tiene otra. Solo puede esperar. Las estrellas destellan sobre la copa de los árboles. El móvil suena y Omar arrastra el dedo por la pantalla.

—Decime —dice la voz del Intendente.

—Hace una media hora han secuestrado a mi amigo Leandro, Leandro Díaz, la Pulga, en un camping de Baradero.

—No sabía que fueran amigos.

—Es lo de menos, como imaginará. Tengo que enterarme quién lo secuestró. Los secuestros pocas veces funcionan.

—Tendrá mucha guita; seguro. Pedirán un pago considerable y terminarán liberándole.

—Eso si alguien no ha pagado ya por su muerte. Pueden vaciarle las cuentas y después hacerle desaparecer.

—Puede ser.

—Necesito saber quién ha sido y dónde lo han llevado. No pueden arriesgarse a trasladarlo muy lejos. Esto no lo arregla la plata ni la cana. Vos lo sabés mejor que yo.

Dos días después, los principales medios de comunicación del país y del mundo relatarán el rescate de Leandro. Una nota de prensa que, a través de su representante, enviará a los medios, será la única vía donde el futbolista aclarará algunos de los detalles más confusos. Al final de la misma subrayará:

«He decidido retirarme del fútbol, al menos como jugador. No ha sido únicamente lo que recién me sucedió lo que me ha llevado a tomar esta decisión tan importante. Ya venía tramándose dentro de mí desde hace tiempo, por diferentes razones personales que no quiero comentar. Estoy emocionado y agradecido por todas las muestras de cariño que recibí en estos días. Ahora solo pienso en disfrutar de mi familia y de mis amigos.

Gracias».

Omar y Marcelo marcharán primeramente al barrio de El Cazador para conseguir dos armas blanqueadas. Después bajarán por la ruta 9 y tomarán el desvío de General Pacheco, atravesando el municipio, hasta llegar a un apartado polígono industrial, junto a la línea de ferrocarril de Mitre y algunos de los countries más grandes de la provincia. La nave donde retienen a Leandro resultará ser un antiguo almacén de embarcaciones. La proximidad con los canales del delta del Paraná, y los lagos artificiales conectados al mismo, no explicarán su abandono, aunque sí su genealogía. Se aproximarán cuidadosamente a la nave y, cuando vean la furgoneta aparcada bajo una lona gris, se les acelerará el pulso. Luego entrarán sigilosamente por una ventana rota del primer piso, y lograrán vislumbrar el escenario. Tres secuestradores mirando una tele portátil y tomando mate, en medio de la nave, una pava encendida sobre una bombona de gas, bolsas de comida desparramada, Leandro sentado contra una pared con las manos atadas a la espalda, la cara descubierta, amoratada, reveladoramente peligroso; por lo menos no tendrán un perro custodio, pues será lo que más les preocupe. En la refriega, reducirán a dos de ellos. El otro comenzará a los tiros, pero al verificar la réplica, saldrá huyendo de la nave. Marcelo irá tras él, y terminará pegándole un tiro en una pierna, antes de desarmarle. Todo esto sucederá en un minuto. Pero no vayamos tan rápido. El motor del Mustang se enfría en la gasolinera. Una pareja solitaria atraviesa la calle de la mano y, bajo la luz anaranjada de una farola, se detiene para besarse. Omar tiene una premonición, y de repente se le seca la boca.

—Si te consigo la información, tendrás que hacerme ese último favor que te pedí, negro—le dice el Intendente.

—Lo que querás Don Ramón, pero decime dónde se encuentra mi amigo.

La sentencia

En las inmediaciones del Palacio de Justicia, estrechando sus puertas, sus accesos, una marcha ciudadana vigila lo que acontece en su interior. Pancartas, consignas y cacerolas integran un paisaje sonoro que fácilmente podría confundirse con una celebración, aunque enseguida se advierte el agravio, y la amenaza velada. Los rostros se enredan. Los gritos pugnan o se apoyan en la luz. Un cordón de policías protege el edificio. Mientras, los parques que lo rodean están henchidos de tiendas de campaña; un pequeño campamento que se levantó tres meses atrás. Ollas humeantes, cuerdas que van de farola a farola, con ropa tendida y carteles, un banquito de madera-biblioteca, un árbol de los deseos, una fuente jofaina, compartidas con la gente de la calle y las palomas. El sonido de la protesta recorre las calles aledañas, despertando a los insomnes de su apatía. ¿Pero quiénes componen la marcha? Desde luego los trabajadores de la fábrica de caño y sus familias. Cientos de ciudadanos los acompañan: compañeros y compañeras de otras factorías, y una amalgama de estudiantes, asociaciones y agrupaciones sociales, jubilados inquietos, apoderados gremiales, sindicalistas y peatones anónimos que súbitamente se sumergieron en el quilombo. Numerosos reporteros pugnan por entrevistar a alguno de los trabajadores o a sus familiares más cercanos; sin lograrlo. El juicio es a puerta cerrada. Es el día de la sentencia, y todos aguardan con inquietud.

—A ver, ustedes dos —indica la abogada—. Siéntense conmigo en la primera fila.

Marcelo y el gordo Chorri cruzan la sala. Han sido elegidos por sus compañeros para representarles durante la vista. Impresionados por las altas columnas de mármol, los suelos pulidos, las enormes lámparas de araña, los artesonados del techo, las balaustradas de madera de caobo, y por el ambiente solemne y aciago, se sientan.

Cabe decir que el proceso atravesó dos fases separadas. La primera desencadenó una maraña de denuncias y demandas. Los trabajadores fueron acusados por los dueños de la fábrica; también por el Gobierno. Los sindicatos devolvieron la denuncia, pero curiosamente los trabajadores no se sumaron a la misma, sino que formularon la suya. De este modo, emprendieron su defensa por otros cauces, al principio gracias a los medios de comunicación, que no cesaban de poner en claro los hechos, pues los componentes, y la chicha, eran ingentes. Un gabinete especializado en litigios similares se ofreció entonces para hacerse cargo de toda la causa y, los trabajadores, tras valorarlo conjuntamente, accedieron. La abogada encargada de defenderles, logró que se archivara la denuncia de la Fiscalía, que trataba de relacionar los delitos de atentado y resistencia grave a la autoridad, imputados a los trabajadores, con la muerte de los ocho policías durante el cerco a la fábrica. Los cuarenta y dos disparos que, según el informe del forense, tenía el cuerpo del flaco Quico, las señales inequívocas de tortura que ratificaban su paso por la comisaría, de la cual escapó antes de robar el colectivo, además de la muerte de Matías, que la policía trató de calificar como respuesta lícita ante un acto terrorista, convencieron al juez y a la opinión pública, que una vez más abría los ojos ante la vulneración de sus derechos. Instó al Gobierno a indemnizar a las familias de Matías y el flaco Quico, aunque como se responsabilizó al segundo de las ocho muertes, únicamente indemnizaron a la de Matías; de menor cuantía, sin embargo, que la que terminaron recibiendo las familias de los policías.

—Mirá esos dos —dice el gordo Chorri—. Deben tener el orto como una rueda, con la que se les vino encima.

—No te creas. Esa gente tiene capacidad de sobra para bancarse el Everest.

En el otro lado de la sala, los dueños de la fábrica parecen tranquilos; a pesar de que no les fue tan bien como esperaban. La unión de los trabajadores y el verse expuestos continuamente en los medios de comunicación les está saliendo caro.

Pero volvamos al proceso, en el cual quedaba la cuestión de fondo: la situación de la fábrica y los motivos de su cierre. Las alegaciones de los dueños se basaban en la bajada considerable en la demanda de caño en los

últimos años, sobre todo la nacional, debido al encare-
cimiento de los suministros de luz y agua, y del alumi-
nio con el que se fabrica el caño. Ese hecho resultaba
innegable. No obstante, durante cuarenta años había
proporcionado miles de millones de dólares a sus dueños, y aún continuaba dando beneficios cuantiosos.
Con todo, para los trabajadores no era ese el asunto más
importante. Reclamaban la propiedad de la fábrica. Y
su argumentación se sustentaba en que el terreno había
sido cedido en su día por el Estado a los propietarios,
y que por tanto el Estado bien podía hacer lo mismo
por los trabajadores. Si los dueños querían marcharse,
que lo hicieran. La fábrica, esencialmente, nunca les
había pertenecido, por la cesión de los terrenos men-
cionada, y porque casi la totalidad de las instalaciones
se construyeron igualmente con subvenciones públicas.
Cuando presentaron pruebas, asimismo, de que la empresa pretendía abrir una nueva factoría en la provincia
de Santa Fe, sus alegaciones para el cierre se diluyeron.
Los propietarios trataron de ralentizar el juicio todo lo
posible, mediante recursos de apelación y otras estra-
tagemas legales, que fueron desestimadas una a una.
Mientras los periódicos independientes informaban de
los escándalos ocultos de la empresa, que relacionaban a
la familia de los propietarios con los poderes fácticos de
la ciudad, e iban saliendo a la luz los sobornos a varios
funcionarios del Ministerio de Industria y a algunos líderes sindicales, las mordidas cuantiosas, los pagos y las
transferencias a cuentas ocultas, se empezó a entrever
un entramado sistémico que recorría toda la gran indus-

tria del cono urbano de la Capital Federal. El Gobierno apuró al juez instructor para que acelerara la causa y echara cuanto antes tierra por encima.

—Señores —habla el juez—. Voy a proceder, sin más dilación, a realizar la lectura de la sentencia. Debo decir, sinceramente, que ha sido uno de los procesos más complejos de mi carrera, y que como podrán comprobar nadie quedará conforme con la decisión de este tribunal. Pues bien, en relación al cierre de la fábrica de caño de la empresa Aluminios Argentinos S.L, al tener asiento legal congruente según los artículos 21 y 34 de la Ley de Industria del año 2004, los cuales incluyen motivos de bajada en el rendimiento económico y una subida de la inflación de las materias primas por encima del diez por ciento, este tribunal falla a favor de los propietarios. Sin embargo, la empresa deberá indemnizar a cada uno de sus trabajadores con cuatro meses de salario completo de acuerdo a sus competencias y puestos, tanto los que cobraban en blanco como los que trabajaban «en b». La empresa no podrá presentar alegaciones para evadir dicha responsabilidad, pues ha quedado demostrado que están realizando nuevas inversiones en la actualidad, con lo que cuenta con el capital necesario para acatar la imposición de esta sentencia. De no hacerlo, se sumará a las indemnizaciones una multa de noventa millones de pesos o se procederá a la incautación de la parte de sus bienes que corresponda.

El juez enarca las cejas y se da un respiro para beber un poco de agua. Tiene el rostro ceniciento, enfermizo.

Marcelo y el gordo Chorri no pueden ocultar su alegría. La abogada les pide calma.

—Dado que el cierre de la fábrica contaba con jurisprudencia, los trabajadores que la ocuparon desde el día trece de abril hasta el día veinte del mismo, del presente año, incurrieron en un delito de allanamiento e incursión en la propiedad, según el artículo 10 de la Ley de Propiedades Inmuebles del año 1996, al haber sido informados convenientemente de la situación por los propietarios y sus representantes sindicales. Por ello, este tribunal impone una sanción de 15.000 pesos a cada uno, que deberán abonar a los propietarios de la empresa por daños y perjuicios. Aquellos trabajadores que no puedan sufragar dicha sanción, o que no quieran acatarla, deberán presentarse, tras la debida notificación, en cualquier comisaria de la Policía Federal de la Ciudad Autónoma para su traslado a prisión por un periodo de seis meses. Tanto las indemnizaciones como la sanción, deberán abonarse en el plazo de dos meses.

Nuevamente, el juez hace una pausa para beber. En la sala hace calor. Varias gotas de sudor corren por su frente. Afuera, se escuchan las cacerolas y las consignas. Los abogados de la empresa hacen cálculos intangibles para determinar cuánto les costará todo esto a sus clientes. Uno de los propietarios niega con la cabeza y sonríe.

—Mirá vos, el flaquito estirado se ríe —dice el gordo Chorri.

—Callate, pelotudo —susurra la abogada, volviéndose hacia él.

El juez aprovecha para secarse con un pañuelo la frente y después la boca.

—Señor, puedo entender que no se maneje bien en estos asuntos —le dice al gordo Chorri—. Pero estaba leyendo algo que, pienso, le resultará interesante. ¿Me permite terminar?

—Le pido disculpas, señoría —se excusa el gordo Chorri—. Pero no soporto que ese tipo se ría. Trató de cagarnos.

—Sonreír no constituye delito —aclara el juez.

—Pues yo pagaría otros 15.000 si pudiera borrarle la sonrisa de la cara.

Marcelo le clava un codo en el costado, y la abogada anexa una mirada homicida. El gordo Chorri se encoge de hombros. En la sala se levanta un murmullo de reprobación o conformidad que el juez aplaca con el martillo.

—Bueno, sigamos antes de que pierda la paciencia —señala—. Esta sentencia incluye un acuerdo alcanzado entre el Gobierno de la Nación y los anteriores propietarios de la fábrica de caño. Habiendo considerado la petición de los trabajadores sobre la cesión de los terrenos y sus instalaciones para crear una cooperativa industrial, y estimándola oportuna, se concede un plazo de un mes para asentar la licitación, plazo en el que los anteriores propietarios deberán retirar todos sus bienes, dos meses más para presentar un proyecto en el Ministerio de Industria, y el periodo de un año para asegurar el capital de inversión. Si alguna de las prerrogativas expuestas llegara a incumplirse, el acuerdo se contravendría, y los terrenos y las instalaciones de la fábrica entrarían en un concurso de acreedores y un proceso de subasta.

El juez termina, y por un momento, todos los presentes en la sala se quedan paralizados.

—¿Escuchaste, gordo? Nos dan la fábrica —chilla Marcelo, comedidamente, antes de darle un abrazo.

El gordo Chorri mira a Marcelo con gravedad.

—La fábrica sí. Pero la Linda se la llevan.

El juez y los fiscales abandonan la sala por una puerta lateral. Los antiguos propietarios de la fábrica hacen lo mismo, con sus abogados, por la principal. Marcelo y el gordo Chorri, en cambio, permanecen sentados en las sillas. La abogada les guiña un ojo. Ya se los lleva afuera.

—¿Que pensáis? —les pregunta.

—Parece increíble —responde Marcelo.

—Pretenden evitar males mayores, sin salpicar al sindicato ni a algunos políticos importantes. Así funciona el sistema. Siempre gana —explica la abogada.

Decenas de personas recorren los pasillos, entrando y saliendo de las salas y los despachos.

—Podemos construir una nueva Linda. Conocemos cada parte —le dice Marcelo al gordo Chorri.

Descienden por la escalera. La claridad que declina desde la cubierta de cristal; el rumor que trepa desde la entrada; todo converge en ese instante.

—La empresa tendrá la patente —razona el gordo Chorri.

Entonces, un pensamiento destella en la mente de Marcelo. Su hija Juli fue quién lo cultivó. Ocurrió unos meses atrás, en tanto comía y no una sopa de fideos, venga darles vuelta en el plato con el tenedor, torciendo los pies hacia dentro, en esa butaca en la que tanto le gusta comer porque está coja y se tambalea. De repente lo miró, lo miró a Marcelo pestañeando de esa forma especial que indica que acaba de fraguar un pensamiento, e inmediatamente soltó: *«Pá, el caño que hacen ustedes en la fábrica es para transportar petróleo ¿verdad? Mi maestra dice que las empresas del petróleo destrozan las selvas y las montañas y contaminan la tierra. ¿No es triste, Pá?»*

El bedel de la entrada abre la puerta ahora y, mientras comienzan a esquivar los micros y los flashes, el gordo Chorri y la abogada anclando su querencia, mientras la ciudad guarda su testimonio y, de algún modo, exhala incertidumbres, Marcelo busca entre la gente los rostros felices de sus compañeros, y los fija en el porvenir.

—¿Y si dejamos de fabricar caño? —pregunta en voz alta, sin dirigirse a nadie.

Y ante esa pregunta sencilla que recorre su cuerpo como un rayo, empieza a imaginar, ahora sí, una fábrica distinta, disímil y maravillosa.

El diván

La consulta se encuentra ubicada en un departamento de un edificio-torre del centro de Buenos Aires, en la esquina entre Corrientes y Esmeralda, de trazas barrocas, con balaustradas y balcones forjados, artesanados y relieves en la fachada, ventanales con arco y un aire controvertido de color azul. El bullicio de los vehículos y los peatones apenas se percibe tras los cristales. Leandro está tumbado en un diván, con las manos cruzadas sobre el pecho.

—¿Qué esperás viniendo acá? —pregunta el terapeuta.

—No lo sé —responde Leandro, y se mueve algo incómodo por la postura.

—¿Estás cómodo?

—Debería estarlo. Al fin y al cabo, estoy tumbado en un sillón. Puede que sea la situación. Tal vez me sienta un poco vulnerable acá, tumbado como un muerto, hablando con un desconocido.

—Lo podés mirar de ese modo, y entonces tu incomodidad no te dejará tranquilo, o podés verlo de otra forma, y responder con sinceridad.

—Tal vez quise venir por lo que me pasó en las últimas semanas.

—Ah, ya sé. Tu secuestro y todo lo demás.

—No pensaba precisamente en el secuestro. Empecé a desmayarme durante los partidos. El médico del club me habló de usted. Pensaba que podría ayudarme. No me convencí entonces; y, ahora, acá estoy. Hay algo que no funciona bien en mí. Pero creo que comenzó mucho antes.

—Siempre comienza antes.

—¿Qué querés decir?

—¿Qué pensás que quiero decir?

—Que comenzó hace mucho.

—Vos lo dijiste; y eso es lo que importa.

El terapeuta tiene las manos apoyadas sobre una especie de cuaderno. Leandro no puede ver su rostro, a menos que fuerce el cuello para atrás, por lo que ha de mirar al frente o hacia arriba. Contempla así, el cuadro de la pared, una tempestad de olas amenazantes que rompen contra la quilla de un barco, tratando de engullirlo.

—Decime entonces. ¿De qué querés que hablemos primero?

—Todo está desordenado en mi mente. De pronto, las imágenes me asaltan y me hacen sentir mal. Son recuerdos de cuando vivía en la villa, sobre todo.

—¿Y cómo te sentís en esos momentos?

—Deprimido.

—Pensá en otros sentimientos.

—Tristeza, miedo. Debería estar contento de estar

acá, y lo estoy. Fui yo quien lo decidí. Regresar acá; re-encontrarme con mis viejos amigos

—Intentá encontrar una palabra para describir todo eso.

—No sé. ¿Responsabilidad?

Una grabadora descansa sobre una mesita próxima. La estancia es acogedora; con una luz tenue y un leve olor a incienso de vainilla.

—¿Te lo preguntas o lo afirmas?

—Lo afirmo.

—Entonces, ese cóctel de sentimientos al que llamas responsabilidad, vos lo asociás a las imágenes y recuerdos que te asaltan.

—Sí, puede ser.

—Curioso. Seguí hablando sobre eso. No lo pienses, solo hablá.

—Siento como si tuviera una deuda con todos. No se trataba solamente de jugar de nuevo en River, o de terminar mi carrera acá, sino de devolverle algo a la gente.

Leandro se fija en un detalle del cuadro. En el margen superior derecho, varios rayos de sol se cuelan entre la masa monstruosa de nubes, reflejando en el agua destellos dorados.

—¿Esa es la responsabilidad de la que hablás?

—Y sí.

—Continúa.

—Tengo que encontrar la manera de hacerlo.

—Tenés mucha plata ¿no? Podrías...

—No me refiero solo a la plata. Tiene que ver también conmigo. No sé si me explico.

—Algo así como dejar un legado.

—Precisamente. Un legado.

—¿Y cómo lo imaginás?

—Esa es la cuestión; que me cuesta una bocha imaginarlo.

El silencio contiguo resulta intencionado. Leandro observa el techo y descubre un entramado de líneas geométricas.

—Vamos a probar una cosa —propone el terapeuta—. Tomalo como un ejercicio para alimentar la imaginación. Ahora mismo estás mirando al techo de la consulta ¿no es así?

—Sí —confirma Leandro.

—Me gustaría que fijaras la vista en un punto concreto. No tengás prisa en elegirlo. Debe llamar tu atención de algún modo: una intersección de líneas, un cuadro, una figura. Luego, deberás mantenerla hasta que yo te lo diga.

—Listo.

—Voy a contarte una historia. Irás escuchando con atención mis palabras, y tratarás de visualizar todo lo que dicen. En un momento preciso, notarás que hago una pausa. Será para que vos continúes con una palabra o una frase. Luego, de nuevo seguiré yo, e iré haciendo nuevas pausas para que vos las llenés con lo que se te ocurra. Tenés que intentar responder lo más rápido, sin meditar demasiado. Buscamos la espontaneidad, que tu yo espontáneo surja y tome el control.

—¿Y si me bloqueo?

—Los bloqueos dicen mucho. No los evites diciendo

cualquier pavada. Saborealos sin frustración. Yo te ayudaré si llegara el caso. ¿Te parece?

—Dale.

—¿Fijaste la mirada en el techo?

—Sí, y el fondo se mueve. ¿Es normal?

—El dibujo del techo, junto con tus ojos, producen un fenómeno perceptivo de movimiento. Dicho movimiento, entre otras cosas, favorece la concentración, aparte de que posee cualidades relajantes.

—Okey.

—Bueno, ¿tenés claro el ejercicio?

—Creo que sí.

—Perfecto. Entonces podemos empezar.

El terapeuta se dispone a leer en su cuaderno. Leandro escucha el sonido de las páginas.

«Por un camino solitario, en las afueras de mi ciudad, camina una señora cargada con varias bolsas en cada mano. Pienso uff... se la ve cansada; y esos pájaros extraños que vuelan en invierno hacia el norte no lo admiten...»

—Pero añaden confusión al asunto —dice Leandro sin más.

—Muy bien; eso es —le refuerza el terapeuta—. Sigo:

«También pienso, o mejor dicho, siento, un único divagar que va de la compasión a la indiferencia; y es...»

—Lo que sigue.

«Si la mujer lleva algo de valor en las bolsas, yo no le puedo decir: "Señora, ¿la ayudo?" Porque seguramente desconfiará de mí...»

—Al ser un desconocido para ella.

«Sin embargo, si las bolsas portan cosas inservibles, o directamente basura, la señora me dirá...»

—Muy amable joven.

«Y les contaría después a sus vecinas que se ha encontrado con un perfecto caballero. No obstante, no tiene porque ocurrir...»

—De esta forma.

«Normalmente, la realidad es una maraña de ilusiones y desencuentros. Y no vale con asumir ciertas cosas; hay que arriesgarse un poco. Pero...»

—¿Por qué?

«El precio de la vivienda sube un 15% en el primer periodo. La venta de autos desciende

un 30%, por lo que un 10% de los empleados de varias factorías...»

—Serán probablemente despedidos.

«El 47% de los hombres prefiere hacer el amor con una desconocida, y el 60% de las mujeres...»

—Con su pareja habitual.

«No hace falta que comprueben la veracidad de estos datos; son una invención...»

—Momentánea.

«Cuando leemos todos los días los periódicos o escuchamos las noticias, o simplemente hablamos con alguien sobre algún tema...»

—El que sea.

«Nos salen porcentajes fríos; y decimos: un 40%... un 85%...»

—De esto o aquello.

«Pero más allá de la expresión y la escala, existe un silencio absurdo que descodifica nuestra mayor incapacidad...»

—O necedad.

«*El hecho de que, así, nada nos emocione demasiado. Pasamos páginas de sueños. El almanaque escapa...*»

—Sin identidad.

«*Muy bien. Y todo queda como temblando en un rincón de la memoria, oculto o borroso...*»

—O indefinido.

«*No hay marca ni huella plausible. Por eso nadie se resiste a establecer...*»

—La cifra.

«*Tampoco yo. Digamos que anda en un 50% de que la señora diga sí, y en un 50%...*»

—Que diga no.

«*Entonces me acerco a ella. Y ella se detiene. Espera mi voz...*»

—¿Qué más?

«*"¿La ayudo con las bolsas?" digo...*»

—¿Qué bolsas? —dice.

«Y cuando me fijo bien, veo que de sus manos salen unas cintas de colores que alcanzan la bandada de pájaros extraños...»

—Y ya se eleva.

«Con el rostro encendido de júbilo, hasta que se pierde con ellos entre dos edificios, por encima de aquel árbol...»

—Con las hojas empañadas de humo y soledad.

Leandro aguarda que el terapeuta continúe. No obstante, le ve de refilón tomar notas en su cuaderno.

—¿Ya terminamos? —pregunta Leandro.

—Sí —afirma el terapeuta—¿Cómo te sientes?

—Muy bien.

—Sé más específico.

—Siento alivio; y también sorpresa.

—¿Por qué?

—No pensé que lo haría tan bien.

—Con frecuencia, cuando proyectamos un sueño, o un deseo, solemos hacerlo a lo grande, es decir, sin filtro alguno que ponga nuestros pies en la tierra. ¿Vos te considerás optimista o pesimista?

—Optimista. Siempre lo fui.

—Ahora vamos a repetir el ejercicio. Pero esta vez elaboraremos un poema. Yo diré un verso, y vos tendrás que añadir el siguiente.

—¿Un verso cada uno?

—Sí.

—No sé si me saldrá. La rima es más complicada, ¿no?

—No hace falta que rime. Este ejercicio es aún más intuitivo que el anterior. Decí lo primero que se te ocurra. La primera frase o palabra que te venga a la mente. Ahora fijá nuevamente tu mirada en un punto del techo. ¿Lo tenés?

—Lo tengo.

—¿Estás preparado?

—Preparado.

—Entonces, vamos allá:

«*Entre el escepticismo y la alegría...*» comienza a decir el terapeuta.

—Van mis pies descalzos... —añade Leandro.

«*Trazando círculos...*»

—De socorro...

«*¿Qué sucede...*»

—Si estoy perdido...

«*Si me siento nada...*»

—Girando en una maravilla consciente...

«Incapaz de conseguir vida...»

—Aunque la vida me sea dada...

«Seguro de mí mismo...»

—Pero alejado de la seguridad de lo que quiero ser...

«Detrás de aquellos horizontes...»

—Hay humo y gritos enredados...

«Mientras aquí...»

—El sol ondea mi futuro...

«Y el estado de las emociones...»

—Más optimistas...

«Es ese niño...»

—Que se lastima la rodilla...

«Contra la realidad...»

—Una y otra vez...

«No sé...»

—No sé...

«A veces es inútil estirar los dedos...»

—Atrapar a la luna en un instante...

«O asumir que la frustración...»

—Dejó sin cicatrizar una herida...

«Todo lo demás es el trabajo...»

—Y el sueño...

«Una nube que dibuja en el aire...»

—El camino de la libertad que rechazo.

Leandro se mueve en el diván. Lentamente, el fondo del techo se estabiliza.

—¿Cómo te sentís, ahora? —pregunta el terapeuta.

—Sorprendido, la verdad —responde.

—¿Podés entrever un sentido en el poema?

—Creo que sí.

—Tu yo espontáneo se reveló de forma maravillosa. Es como si estuviera deseando salir. Dijo, realmente, cosas muy interesantes para vos.

—¿Lo creés?

—Sin duda. Transcribiré esa parte de la grabación y te la haré llegar para que vos mismo podás analizarla. Pienso que tenemos algo interesante con lo que poder comenzar a trabajar.

—Buenísimo.

—Sos una persona muy creativa. Pensá que en tu profesión resulta imprescindible. Ese es tu potencial, y con él podrás dedicarte a cualquier cosa. ¿Probaste alguna vez a escribir?

—No. Apenas sabría.

—Nunca es tarde para aprender.

—No me veo de escritor.

—Vos sabés mejor que nadie que para dejar sentados a dos centrales, hacer un sombrero al arquero y meter un gol imposible, primero tenés que imaginarlo; es decir, visionarlo primer en la mente, y luego hacerlo y ya.

—Llevo haciéndolo toda la vida.

—Ya no. Para el resto de cosas funciona igual.

—Che, y entonces... ¿qué me pasa?¿Por qué cuando empiezo a recordar cosas de mi infancia me siento tan mal?

—Porque son imágenes sueltas, fragmentos y recortes que carecen de un hilo conductor. Estos ejercicios que acabamos de hacer sirven para asociar unas imágenes con otras. Ahí podés hallar la clave. Te aconsejo que practiqués cada día. Hay un libro que me gustaría prestarte, en el que el autor propone diferentes actividades para que entrenés tu yo espontáneo.

—Explicame, por favor...

—Nuestro yo espontáneo es el motor del juego; resulta tremendamente curioso. Cuando somos niños se encuentra siempre activo, nos convierte en esponjas que lo absorben todo, nos ayuda a aprender y a recordar casi de forma mágica, proporcionándonos sentido y libertad de acción. Luego, lo vamos perdiendo, por las coacciones sociales y culturales y el miedo a errar. Se trata de recuperarlo.

—Querés decir que si recupero mi yo espontáneo dejaré de sentir angustia.

—Pensá que esas imágenes y recuerdos no te provocan la angustia en sí, sino su fragmentación, la falta de ese hilo conductor que conecta tu pasado con tu presente, con lo que vos sos, o pretendés ser, ahora. A través de la asociación libre podrás abrir las puertas de tu memoria. Tenés que entrenarla.

—Está bien. La entrenaré.

—Te sorprenderás de todo lo que podés recordar.

—Ya estoy sorprendido.

—Eso es. La sorpresa vuelve a nuestro yo espontáneo tangible. Al volver acá te reencontraste con una parte de ti que tenías olvidada. No debés enfrentarla. Tenés que ordenar de alguna manera el caos de recuerdos que te asaltan. Los desmayos son avisos. Pensá que tal vez ocurrió porque ya no te sentís realizado únicamente marcando goles. Ya no te conformás con eso. El fútbol siempre fue tu medio de expresión. Ahora que te retiraste, estás comenzando a situar el foco en otras cosas, que permanecían dormidas en tu interior, luchando por salir. Tomaste esa decisión por algo. Estás acá, en esta consulta, por algo. Sólo tenés que ubicarte, asumir la metamorfosis, sacar algo bueno del proceso; crecer.

—Crecer —repite Leandro.

—Y sí, crecer. Nos guste o no es un proceso irremediable, terrible y, en ocasiones, también lindo.

El rescate

Sorteando los meandros, río arriba, una enorme embarcación de ciento cincuenta metros de eslora y bandera panameña, bautizada como Miranda, brega con su potente motor diésel contra la corriente del Paraná. Salió del puerto de Campana hace dos días, y marcha hacia la confluencia con el río Paraguay, concretamente al Paso de la Patria, situado unos kilómetros al norte de la ciudad de Corrientes, donde estribará noventa y siete contenedores de carga. El buque morirá en este río, apartado de las rutas oceánicas, y su casco, que soportó la corrosión y las tempestades, terminará adornando con su esencia oxidada las casas de los pescadores costeños, como tantos otros buques jubilados que moran en los desguaces de las márgenes, con aire de edificios abandonados, y que son, navegando aún por las cuencas fluviales, en esa especie de purgatorio natural y tranquilo, como dinosaurios entre las barcazas pesqueras y las lanchas de transporte.

Omar se pasea por la cubierta de carga. Está nervioso. Calcula que el contenido de los cuatro contenedores ajustará el pago al Paraguayo del último alijo, y que el Intendente pretende renovar con ello sus relaciones. Salvo ocasiones excepcionales, su labor en la organización ha consistido fundamentalmente en distribuir la mercancía entre sus contactos en las villas del norte de la Capital Federal, a veces custodiar el envío, pero nunca realizar el pago. De ahí sus nervios. Pero también hay algo más. Pasa una mano por la pared de uno de los contenedores. Rodríguez aparece a su espalda.

—No los pierdas de vista —dice poniéndose a su lado.

—Aún no comprendo por qué viniste vos —replica Omar.

Rodríguez se arremanga la camisa sin dejar de observar la cubierta.

—El viejo ya no se fía de ti.

Arriba, en la torre del puente, el capitán contempla el río y da algunas órdenes a los marineros. La embarcación empieza a virar lentamente.

—¿Qué llevan dentro, autos? —pregunta Omar.

—Eso no te incumbe.

El inmenso meandro que vadean, obliga al buque a maniobrar despacio. Los restos de la última crecida complican el avance. Troncos y ramas enmarañadas, restos de metal y plástico, que algunas familias purgan en las orillas para ganarse unos cuantos pesos.

—Vos tenés onda con el Paraguayo. Los paraguayos son gente jodida; traicionera. No te podés fiar de ellos. Explica Rodríguez.

—Me fío menos de vos —contesta Omar.

—¿Y qué se puede hacer? Esto no es la guerra de la Triple Alianza. Son solo negocios.

Omar intuye que no es así. Hay algo que se le escapa. Camina por la cubierta, por la proa de estribor. Un trueno cercano anuncia tormenta. El cielo se oscurece y el verde de la selva se aviva.

—Negocios turbios —puntualiza Omar.

—Los de siempre —dice Rodríguez.

El Paraná es una las rutas de la droga más importantes del mundo. La coca viaja desde Bolivia por el río Paraguay. La marihuana paraguaya también es transportada por el río. En el Paraná, marcha hacia Brasil o hacia Argentina y Uruguay. El ochenta por ciento de la cocaína se importa a Europa. Es la principal vía de entrada allá. Después del mercado norteamericano, que se disputan los cárteles colombianos y mexicanos, este es el más profuso. La diferencia con aquel es para mantenerlo no hacen falta tantos medios, pues el río facilita un transporte seguro, alejado de los focos mediáticos, con menos autoridades a las que sobornar. También la implicación de la clase política. El pastel se reparte concienzudamente, para evitar cualquier discordia. No existen cárteles poderosos como en los lugares mencionados; y con los beneficios se financian campañas, mass media y, por supuesto, patrimonios familiares ingentes.

Las gotas comienzan a caer despacio, distanciadas, provocando ondas en la superficie del agua que se superponen, aunque en apenas unos segundos un manto denso de lluvia lo cubre todo. Varios relámpagos declinan tierra adentro, yendo a quebrar los árboles más altos.

—Cuando cargaban los contenedores en el puerto, escuché gritos —dice Omar, refugiándose bajo una zona techada de la cubierta.

Rodríguez sigue sus pasos, empapado ya por el aguacero.

—Pensás demasiado. Andate a descansar un rato.

Las horas y los días van allegando al buque hacia la confluencia. Los acantilados costeros y las densas selvas de la orilla oriental se contraponen al llano pampeano de la orilla oeste. Guayabos, ñangaripés, quebrachos blancos, ombúes, talas, tembetarís, timbos, sauces, espinillos, ceibos, alisos, curupis, arquean sus enormes troncos sobre las márgenes y remedan, con las sombras de sus ramas, las manchas del jaguar. Ya han vadeado las ciudades de Rosario y Santa Fe, con dificultades en las zonas de menor calado, donde los bancos de arena se convierten en trampas para las embarcaciones de mayor envergadura, o en las áreas de rápidos o con una inclinación elevada, donde se fuerza el motor diésel hasta el límite y chirría la maquinaria desgastada. Acaban de atravesar una de ellas, y el capitán ha decidido parar un par de horas hasta que el motor se enfríe. El río está en calma. Los mosquitos zumban con el calor del hierro. Algunos marineros prueban suerte con la caña para tentar a sábalos y dorados, otros juegan a las cartas en la cubierta. Omar se acerca a uno de ellos.

—¿Cómo va la pesca? —pregunta.

—Los peces andan recelosos —responde el marinero, recogiendo un poco el sedal.

Su rostro indígena muestra unos ojos rasgados y vivos que no pierden de vista el agua. Omar tantea de nuevo.

—¿Hace mucho que laburas en este barco?

—Cinco años hago recién. Nací en un pueblito cerca de Posadas. Tengo mi vida, acá, en el río.

—Entonces deberías poder contestarme —indica Omar—. ¿Quiénes llevan en los contenedores?

El marinero mira fijamente a Omar, para estudiar su rostro. Después observa a su alrededor. Sin duda está asustado.

—Uy, madrecita. No quiero tener problemas—dice.

—Puedo darte plata —insiste Omar.

—¿Para qué la querría? Prefiero conservar la vida. Vos estás con ellos ¿no?

—Trabajaba para ellos. Ya no. ¿Entendés? Decime lo que sepas, por favor.

El chillido de un mono aullador en una rama, fractura la conversación. El marinero mira alrededor, con la cara contraída. La caña tiembla levemente entre sus manos.

—Cuando escuchamos gritos en los contenedores sabemos que vamos a cobrar el doble —dice susurrando —. Así es, papá. Siempre ocurre así. Son niñas. Eso se reconoce.

La mente de Omar ata cabos. Después se incendia como un bosque. Tiene que apoyarse un instante en la barandilla. Las niñas son la moneda de cambio. Niñas arrancadas de veredas solitarias, que regresan de la escuela, anhelando su fiesta de quince. Las imágenes y los pensamientos se superponen. Fotografías de niñas desaparecidas en los titulares. Padres desesperados hablando a las cámaras, pidiendo clemencia a los secuestradores, rogando a dios por su retorno, padeciendo un dolor mayor que la muerte. Investigaciones infructuosas que terminan archivándose. Testigos que no hablan; o que se silencian. Apenas unos días en el foco para alimentar la cota de audiencia, y chau.

—Las secuestran —añade el marinero—¿Qué harán con ellas? Un puro asco. Pero callamos porque no queda otra, y rezamos porque a nuestras hijas no les toque—. Y acá se santigua—. Diosito no lo quiera, no.

Existe un Paso de la Patria argentino y uno paraguayo; distintas versiones de una misma cuestión fronteriza. Frente al argentino, en la isla del Cerrito, donde el río Paraguay cede su cauce al caudal del río Paraná, concretamente junto al puerto de la Prefectura Naval de la isla, tres buques de calado semejante arriban y descargan sus contenedores. Uno ya lo conocemos. Otro partió desde Puerto Suárez, en Bolivia, y el otro desde Iguazú, en la frontera con Brasil. Omar y el Paraguayo platican en un restaurante de la ribera. Varios hombres del narco vigilan las inmediaciones. Los barcos pueblan el río, y sus estelas se cruzan unas con otras dibujando espirales de espuma oleaginosa.

—Todo en orden, pues. Mi contacto en Bolivia hará envíos cada dos meses, a los que yo agregaré dos toneladas de faso. El pago será en dólares blue; y cada cual que cargue con sus pifias.

—Así se los diré —afirma Omar.

El tono de la conversación resulta frío, inusual. Una sombra acompaña las palabras. En los platos, humea intacto un guiso de chancho y yuca. Uno de los hombres del narco se acerca y le susurra algo al oído.

—¿Cómo te las apañaste en la prisión? —indaga el Paraguayo.

—Y bueno... Soy un tipo de recursos —responde Omar, conciso.

—Cuando duplicaron el encargo de merca, enseguida supe que algo pasaba.

Omar es incapaz de reconocer el alcance. Le debe la vida al Paraguayo, sí, pero ahora está pensando otra cosa, por más que sus vidas tomaran rumbos comunes, ligadas a los mismos códigos; algo que los transciende.

—¿Vos sabías lo de las niñas? —pregunta repentinamente.

El narco entiende por fin lo que ocurre. Lo que le pasa a su amigo es simplemente lo mismo que en su momento le pasó a él. Un dilema macabro.

—¿Y eso qué importa? —dice.

—A mí me importa, hermano.

Omar hace un ademán para levantarse y el Paraguayo le para con una mano.

—Se las lleva el Brasilero. Ahora mismo estará cerrando el trato con Rodríguez.

—¿Estuviste implicado alguna vez? —vuelve a preguntar Omar.

—No tendría tripas —responde el narco.

Omar repasa su relación; un segundo extendido apenas. Siete años inefables, cargados de vaivenes y certezas. Los presentó un amigo íntimo de la Villa Carlos Gardel, justo cuando el Intendente le apuraba para concretar nuevos contactos, y aquel mismo día ambos se descubrieron y cerraron un trato. Omar le mostró Buenos Aires, las tascas articuladas de la Boca, las grandes avenidas, los parques, los boliches, destapando similitudes existenciales, un antiguo origen guaraní en sus antepasados, y una mirada resuelta frente a la vida. Dos meses más tarde, Omar visitó su casa, allá en Fernán Caballero, y pudo conocer a su mujer y a sus tres hijas; confirmando las analogías: el gusto por contribuir en su comunidad, una austeridad inteligente, la afición a la pesca, a la historia, el bagaje ideológico. Las visitas se sucedieron desde entonces, y los viajes. El último al Mundial de Brasil, donde vivieron momentos inolvidables en el estadio Maracaná; o extraviados por las calles de Río de Janeiro.

—¿Lo dudas? —añade el Paraguayo.

—Tenés tripas suficientes si estás al tanto —matiza Omar.

—Procuro estar informado. Tengo negocios con el Brasilero.

—Nunca me dijiste nada.

—En este negocio hay que ser discreto. De lo contrario...

El Paraguayo se excusa, y Omar únicamente puede asumir la contradicción.

—¿Y qué cambió ahora? —sigue.

—La diferencia es que me preguntaste, y además...

—Sos un hipócrita, Miguel —grita, de pronto, Omar, levantándose de la silla.

Los hombres del narco se alarman, aunque una mirada de su jefe los sujeta.

—Espera, déjame terminar. Rodríguez va a matarte. Les pedí medio millón de dólares por los intereses; y un muerto.

Omar observa atentamente a su amigo, y cae en la fragilidad de ese mundo. Desde el atentado que le hicieron en Asunción, ha blindado los cristales de su todoterreno, y sus hombres lo acompañan a todas partes. Omar calla, deliberadamente.

—Nunca imaginé que serías vos quien viniera a realizar el pago —continúa el Paraguayo—. Pensé que estabas fuera del negocio.

Una brisa creciente hace vibrar la superficie del agua, como una corriente eléctrica que conectara las dos orillas. Omar dirige su mirada hacia el puerto, y su rabia se aplaca.

—Lo estaba. Pero, ¿viste? Acá estoy. El destino me devolvió a la pista. Pensé que podía escapar, empezar de vuelta. Todo se encuentra acá, en mi cabeza. Hacer algo por los demás, que mis hijos se sientan orgullosos. Un sueño sencillo. Cuántas veces lo hablamos, che. Como el asunto de Bolivia... ¿Recordás? El sueño de recobrar lo arrebatado. Mi propia salida al mar.

Cuando el Brasilero, rumbo a puerto Iguazú, compruebe los contenedores de carga, experimentará dicho sueño, sin comprenderlo, y por más que llame una y otra vez al teléfono de Rodríguez, este no dará señal alguna, tal vez percibiendo en su ausencia un eco de sedimento y burbujas. Porque el buque Miranda regresa ahora por donde vino. Y esta vez la corriente ayuda al motor diésel, que va más ligero. El peligro vendrá de la inercia en las zonas de rápidos y en los puntos menos profundos del cauce. Pero en este instante zozobran otras cuestiones.

—¿Te animas a ponerte esto en los pies? —pregunta Omar.

Sus manos sostienen una cadena que está amarrada por un extremo a un bloque de cemento.

—Tomátela —se queja Rodríguez.

Sin embargo, resulta una sorpresa que se esparce, y de la cual, como ocurre con cualquier sorpresa lícita, no posee ningún control. En el instante en que se disponía a acabar con él, irrumpiendo en su camarote, preparado para coserle a tiros, lo menos que podía sospechar es que le estaba esperando. Dos de los guardaespaldas del Paraguayo se deshicieron de los hombres de Rodríguez, que permanecían apostados con sus armas automáticas en la cubierta superior del buque. De ese modo, Omar sólo tuvo que desarmarle cuando abrió la chirriante puerta, con un golpe seco que quebró su nariz y que terminó con su tentativa.

—Haceme caso —persevera Omar.

Como no se decide, Omar le presta ayuda. Rodríguez le deja hacer. Una brida mantiene sus manos atadas a la espada. El capitán y la tripulación contemplan la escena en silencio desde la pasarela del puente.

—Vas a morir; ¿lo sabés? —dice Rodríguez, amenazando.

—Vos primero —le explica Omar, condescendiente.

Cuando cierra el candado en sus tobillos, Omar no puede evitar fijarse en sus zapatos. Son unos zapatos buenos, de cuero y zurcidos a mano. Por un momento piensa en quitárselos, pero la idea se desvanece. Su abuela siempre repetía en los funerales, sin que nadie ni nada mediara en su aseveración, que sacarle los zapatos a un muerto sólo traería al ladrón infortunios y desgracias. Una gota de sangre cae desde la barbilla de Rodríguez y va a parar a la punta, salpicando.

—También irán a por tu familia —insinúa, dilatando la amenaza anterior.

Omar estira levemente la cadena para que no se enrede. Agarra el bloque de cemento y, rodeándole, lo coloca en sus manos.

—La familia es sagrada. La mía sabe a lo que me dedico. No sé si las de ustedes lo imaginarían —dice mientras da unos pasos atrás.

—En lo de las niñas está implicada la Policía Federal y algunos políticos, en fin; es un asunto protegido, tabú. Las villas son un semillero de putas muy eficiente. Muchas recorren el camino por su propio pie. A otras, únicamente les damos un empujoncito. El Intendente es un ser lúcido y coherente. Lo lleva en la sangre.

—Como vos.

Se encuentran en la popa del barco, y desde esa altura sólo se aprecia la línea de árboles que se curva en la distancia sobre el Paraná. La corriente va horadando la encía de la tierra, y asimismo a Rodríguez.

—Voy a decirte algo de Don Ramón que seguro ignoras. Su familia es originaria de Uruguay. Una de las primeras estirpes criollas, descendientes de libertadores. Hace dos siglos y medio comerciaban con esclavos. Vendían negros como si fueran animales. Así se hicieron ricos. Luego, con la abolición, tuvieron que marcharse a Argentina.

Pese al testimonio, porque denota un terror tangible, Omar siente lástima por él. Al fin al cabo no quiere torturar al torturador. En cambio, le mira a los ojos, fijamente, aceptando su cometido.

—Chau —le dice, antes de patear su estómago y ver cómo su cuerpo voltea la barandilla para caer al río.

Omar camina hacia a la zona de carga, y rompe el candado del contenedor con un hierro. Cuando abre la puerta, una luz tenue entra en el interior e ilumina cuatro formas acurrucadas, silentes, en el suelo.

—Dale chicas, vení. No tengáis miedo. Todo terminó —dice.

—La morocha murió —objeta una voz, temblando.

Omar vacila en la entrada, aunque luego se allega dentro.

—Lo siento mucho —dice avergonzado—. ¿Cómo se llamaba? La llevaremos con su familia para que puedan enterrarla. Os llevaremos a todas a casa.

El asado

El fuego ilumina la torre de ladrillos de losa. Un boquete en la tierra la asienta, en esa parte del suelo sin solado, entre el laurel y el maracuyá, donde los gatos se desparraman al mediodía, junto al galpón lleno de cachivaches. La madera de quebracho chisporrotea, desata un infierno de colores, y el humo aleja a los mosquitos, que se agolpan donde el mismo no alcanza, rabiosos por la sed. La parrilla respira, desprendiéndose de la suciedad y el polvo, purificada por las llamas. En medio del patio, una cuba de plástico azul guarda bajo el hielo un chaparrón de latas de cerveza y juguitos. Sobre una mesa, a mano del anfitrión, la carne sazonada espera. Porque el ritual del asado es un anuncio, mimado con descaro, como a un niño, que encierra el compromiso sencillo de compartir.

Marcelo va escogiendo con un palo las ascuas brillantes, y las amontona en un lateral. Omar y Leandro le observan, sentados en un banco, escabiando el sentido. Los niños juegan en la pileta, y las madres preparan ensaladas de papa y azar en la cocina. Las estrellas se cuelan entre las ramas del sauce, y los ojos del gato en el alero del tejado las arrastran hacia el centro de la galaxia.

—¿Me pasáis una birra? —pide Marcelo, con el rostro iluminado.

Leandro se levanta, tantea el bidón y le alcanza una.

—Acá tenés, cabeza, traída directamente de la Antártida Argentina.

El sudor cubre la frente de Marcelo mientras coloca la carne. El sonido anticipa el olor y la alegoría, con un ritmo de cocción comedido que emplaza a los perros callejeros varias cuadras a la redonda.

—¿Fuiste a comprar a dónde Lucho o en lo de Esteban? —indaga Omar.

—En lo de Esteban —aclara Marcelo—. Julieta, te estoy viendo.

Juli da un respingo en la pileta, y un tenedor cae de su mano. Marcelo abre la lata y bebe un largo trago. Después sella la carne volteándola y le da un último toque de sal.

—Oye, Marce, y ¿qué onda con la fábrica? —pregunta Leandro.

Marcelo no pierde ni un momento la mirada a la parrilla. La grasa que desprende la carne aviva las ascuas y acrecienta el sonido. Abanica con un cartón el humo, coteja y remueve la base con el palo.

—Andamos trabados con la licitación —dice—. Por suerte ya llegó la plata de los salarios y con eso nos vamos arreglando. Una vez que la vaciaron, hemos estado reacondicionando la nave, cambiando el techado de metal, pintando. Lo que no sabemos aún es qué vamos a fabricar.

—Una fábrica sin producto es como un edificio sin escaleras —apunta Omar, embromando.

—O una cancha sin hinchadas —añade Leandro, para continuar el juego.

—O una ferretería sin tuercas —sigue Omar—.

—O…

—Pará, turros —corta Marcelo—. Ya entendí. Pero no creáis que es tan sencillo. No logramos ponernos de acuerdo.

Algunos perros comienzan a aullar tras la verja del jardín. Los niños se tapan la nariz y juegan a ver quién aguanta más bajo el agua.

—¿Por qué no probáis a fabricar algo con material de recicle, algún tipo de bioconstrucción? —propone Omar.

Marcelo asiente. Eso es algo que han estado barajando en la asamblea, pero sin llegar a concretar nada.

—Tendría que ser algo así como una súper-mezcladora, que pudiera engullir y carbonizar diferentes tipos de plásticos y que diera como resultado un material constructivo dúctil —continúa Omar.

La mirada de Marcelo parece extraviarse entre las ascuas y el humo. No corre ni una pizca de aire. El calor de la parrilla es un apéndice de la noche estival. Los tres amigos la sobrellevan simplemente con un cubo de plástico y la brisa de sus revelaciones.

—Che, Omar ¿y lo tuyo? —dice Leandro, desviando la conversación.

—Lo mío se encuentra embarrancado en fase dos. Ya conseguí los permisos. Ahora deben sacarlo a concurso y esperar la propuesta del arquitecto.

—¿Y cómo pensás gestionar el espacio?

—Quiero que sea algo más que una biblioteca. Lo imagino como un lugar de encuentro para los niños y los jóvenes, donde puedan estudiar, hacer música, pero también donde puedan resolver sus problemas; un lugar donde se los escuche y apoye.

—¿Y creés en serio que quien vos sabés mantendrá su palabra?

Marcelo habla desde la parrilla, dando la espalda a sus amigos. Aunque ambos ven nítidamente su gesto en la nuca.

—No le queda otra —subraya Omar.

—Es un lindo emprendimiento, amigo —admite Leandro.

—Y sí —dice Omar orgulloso—. Un sueño y un pocito. Un poco de tragedia ultramundana, cadencia en los pies, cabezonería sutil, y extrañeza de paraíso perdido.

—No olvidés el escepticismo innato ni la palabra viva —dice Marcelo; esta vez, sí, volviéndose hacia ellos risueño.

—No me olvido —dice Omar—. Somos una comunidad hecha de desplazados y soñadores, hija del colonialismo, bajo el regazo indígena; una sociedad de migrantes y perseguidos, surgida de las guerras, las sequías y las epidemias, de los navíos sin rumbo, de las selvas devastadas, del desierto inclemente y las ciudades bombardeadas, de las etnias hostigadas, de los refugiados políticos.

—Cuarenta por ciento gallegos, treinta por ciento tanos, y un caleidoscopio efervescente de sirios, alemanes, judíos, chinos, ingleses, japoneses, venezolanos, ecuatorianos, paraguayos, bolivianos y descendientes originarios, en fin, que miran a Europa y Norteamérica con los ojos abiertos, endeudados hasta las patas.

—Ateos por derecho.

—Hospitalarios por cuenta ajena.

—Un país con tantos recursos como desigualdades.

—Un tipo único de capitalismo latino.

—Pretenciosos como dulce de leche.

—Nos gusta compartir un rato.

—Sabemos cómo sacarle a la vida el jugo.

—Hacemos de la cotidianidad un espectáculo.

—Con una tonada irresistible.

—Llevamos en la sangre la música y la palabras.

—Empilchados con infortunio.

—Transando la eternidad y la sospecha.

—Dialectos aglomerados en un tango.

—El lunfardo oxímoron.

—Renegando de los bancos.

—Dando la espalda al Gobierno, pero no a nuestros vecinos de cuadra.

—El verdadero Estado, chabón.

—Puteando y celebrando, a la vez, el remiendo.

—Y la salida.

—Acá fueron llegando los mejores y los peores; todos los que huían.

—Algo más libres que en otros lugares, a pesar de la inflación.

Marcelo y Omar van tejiendo pensamientos espontáneos, sin filtro.

—Escuchadme una cosa—dice, de repente, Leandro—. ¿Recordáis al viejito de la calle Neuquén?

—¿Qué viejito? —pregunta Omar.

—El de la casa de los vidrios. ¿Cómo carajo se llamaba?

—Alejandro —dice Marcelo.

—Alejandro. Posta. De pronto me ha venido a la cabeza, con su boina y su sonrisa. Tan silencioso y distante, tan lleno de historias.

—¿Pero y qué pasa con ese viejo? —vuelve a preguntar Omar.

—La tarde antes de hacer la prueba con River, volvía de hacer un mandado y pasé por delante de su casa. Estaba sentado en la vereda tomando mate y leyendo un libro. Parecía completamente una estatua a pesar de que hacía pequeños movimientos para ahuecar la bombilla y chupar con fuerza. De pronto, como si me hubiera estado esperando, alzó la vista y me llamó. Me llamó con esa tonada diferente que tenía.

—Y sí. Era gallego —apunta Marcelo.

—El caso es que no me decidí a acercarme. Siempre me había intrigado el tipo. Estaban las advertencias cuando salíamos a la calle, lo de no acercarnos a los desconocidos y todas esas pavadas que dicen siempre las madres. Pero él no era un desconocido, era el viejito de la casa de los vidrios. «*Vení, vení*», decía con la mano. Y como yo seguía quieto, se puso a leer en alto.

Leandro se detiene, como si estuviera reuniendo en su mente los detalles más insignificantes.

—¿Bueno y qué pasó pelotudo? —repite Marcelo.

—Lo extraño es que ahora recuerdo al pie de la letra todo lo que dijo. Se me quedó grabado en la memoria. Decía:

«Pudiendo en lo sucesivo concebir la solidaridad, ese inmenso poder que centuplica la energía y las fuerzas creadoras del hombre, la nueva sociedad marchará a la conquista del porvenir con todo el vigor de la juventud. Cesando de producir para compradores desconocidos, y buscando en su mismo seno las necesidades y los gustos a satisfacer, la sociedad asegurará ampliamente la vida y el bienestar a cada uno de sus miembros, al mismo tiempo que la satisfacción moral que da el trabajo libremente elegido y libremente realizado y la alegría de poder vivir sin apoderarse de la vida de otros. Inspirados en una nueva audacia, nutrida por el sentimiento de la solidaridad, todos marcharán juntos a la conquista de los elevados placeres del saber y de la creación artística. Una sociedad así inspirada no tendrá que temer a las disensiones en su interior ni a los enemigos exteriores. A las coaliciones del pasado ella opondrá su amor al nuevo orden, la iniciativa audaz de cada uno y de todos, llegando su fuerza a ser hercúlea por el despertar de su genio. Ante esa fuerza irresistible, los "reyes conjurados" no podrán

nada. Tendrán que inclinarse ante ella, un-
cirse al carro de la humanidad, rodando ha-
cia los nuevos horizontes entreabiertos por la
Revolución Social».

—No entiendo como podés recordarlo todo, che.

—Creo que tiene que ver con la terapia. El viejito ese, boludo, siempre andaba leyendo y enseñando cosas a los niños y niñas de la villa. Mi padre decía que vino desde Chile de perseguido y que cruzó los Andes en burro, portando únicamente un baúl repleto de libros. Cuando llegó a Buenos Aires, lo ayudó a instalarse en la villa. Él me regaló las medias, pasó a su casa y salió con ellas en la mano. Me dijo: *«Toma, igual te sirven».* Las medias que vos no querías ponerte. ¿Recordás Omar?

—La puta que te parió. Y sí, recuerdo los agujeros que tenían.

Leandro siente una especie de conexión súbita, cósmica, un escalofrío tenaz que emerge desde sus raíces.

—¿Seguirá vivo? —pregunta.

—No lo puedo asegurar —dice Omar—. Si continúa vivo tendrá como cien años. Creo que regresó a sus pagos hace tiempo, porque su casa se la choreó uno de los hijos del Ferretero Ruíz.

—¡Vamos a cenar! —grita Marcelo, poniendo la carne en una bandeja—. Delen, pescaítos. Saquen las patas del agua y avisen a sus mamás que ya está listo el asado.

La cena se distiende sobre las horas, sostenida por la plática diversa. Los brindis y las travesuras de los niños, jugando más que comiendo, desatan aún más las lenguas, rescatando viejas anécdotas, esos recuerdos y olvidos portentosos que vuelven en el hilo de sus respectivas historias tras veinticinco años de existencia sin tregua. Las familias se allegan al equilibrio, forman un clan. Tras el postre, en el mate de la sobremesa, cuando los niños se ponen a lanzar bombitas de pólvora sobre el piso y ceban de sobras a los perros callejeros, los adultos aprovechan para compartir sus planes futuros. El gato continúa inmutable en el alero del tejado, de cuando en cuando lamiendo su barriga. Ya se despiden, Marcelo insistiendo para que se queden, Leandro y Omar argumentando sus impugnaciones. Los besos y los abrazos se multiplican. Leandro, su mujer y su hija se montan en el auto. Omar, su mujer y sus dos hijos tornan en la moto. El mayor de pie entre el manillar y las piernas de su padre, y el bebé dormido en el regazo de su madre. Marcelo y Juli dicen adiós con la mano en la puerta. Omar y los suyos atraviesan la villa en dirección a su casa. Las calles silenciosas, las farolas anaranjadas, el polvo seco que las ruedas elevan, y un rumor de insectos insomnes, preparan el escenario. Ocurre al doblar la esquina de su casa. Un auto está donde no debe. Omar lo descubre y entiende. Para la moto, empuja con fuerza a su mujer y a sus hijos a la vereda, y una ráfaga de disparos lo alcanza de lleno. Y cae muerto, en tanto las ventanas de los vecinos empiezan a encenderse y el auto se aleja derrapando. El hijo mayor, permanece paralizado sobre el pasto, y la viuda, avanzando con las rodillas y una mano, logra abrazarse a él, sollozando discretamente para no despertar a su hijito dormido.

La muerte del Intendente

La muerte de Omar impulsó una revuelta inesperada en la villa, que terminó ardiendo por los cuatro costados. La noticia corrió de casa en casa, de boca en boca, a la velocidad del grito, y cuando encontraron a sus asesinos, escondidos en cualquier parte, los hicieron desaparecer. La gente quería a Omar, más aún en los últimos tiempos, cuando trataba de reconducir su vida. Al día siguiente, mientras los autos calcinados —de todos los extraños que esa noche tuvieron la desgracia de parar en la villa— aún humeaban, y las mangueras de los bomberos salvaban campos, casas, árboles y comercios, mientras se velaba su cuerpo en el salón de actos de la escuelita pública, y todos daban el pésame a la viuda y a los hijos, mientras sus amigos se lamentaban emborrachándose, y evocaban la integridad y el carácter de Omar, en un lugar recóndito de la ciudad se fraguaba la venganza, de la mano de cuatro hombres desconocidos.

Pero, ¿quiénes eran estos hombres? Omar había convenido con ellos el silencio, y para lograrlo les consiguió mucha plata. El Intendente fingió zanjar con Omar el asunto de las niñas, prometió dejarlo una vez más fuera del negocio y firmó los papeles para iniciar las obras de la biblioteca. Sin embargo, el Intendente no podía permitirse obviar el desagravio. Sus socios solicitaron un pago de sangre. Y por ello dio la orden de asesinarlo, sin sospechar lo que sucedería después.

—Omar nos devolvió a nuestras hijas —dijo uno de los padres de las niñas.

—Confió en el diablo y el diablo lo traicionó —añadió otro.

—No confiaba. Pero se arriesgó —especificó el tercero.

—Debemos compensarlo —concluyó el cuarto.

De este modo, lo acordaron.

Siete años de viudo, en la enorme casa pegada a los canales del río, rodeada por un muro y su custodia, donde más que vivir se recluye, salvo para acudir a los actos oficiales y dar rienda suelta a sus vicios de hombre espantoso, en las peleas de perros y los prostíbulos, han convertido al Intendente en un racionalista obstinado. Los vigilantes y el personal de servicio pueden saber la hora exacta repasando sus movimientos. Un espacio cotidiano de cuidado y placer, roto tan solo por algunos asuntos ineludibles.

El Intendente despierta de su siesta, como cada día, a las cuatro y media de la tarde, y se dirige a la biblioteca para tomar un té y sumergirse un rato en la lectura. Llama a las mucamas, pero no responden. En los últimos días ha estado leyendo un libro de relatos de Borges. Agarra el libro y va a la página doblada, aunque antes de retomar la historia, le asalta el recuerdo de un sueño reciente; uno de esos sueños en los que, saliendo repentinamente del cuerpo, podemos vernos a nosotros mismos. Estaba sentado de espaldas, en esa misma biblioteca, leyendo el mismo libro de Borges, y trataba de rodear el sillón para contemplar su cara, pero no podía. La habitación entera giraba con él, y después de cada intentona, crecía su sensación de angustia. A su lado, en una mesita, brillaba su encendedor de oro, y a la izquierda el *tic tac* de un reloj de pared penetraba en su cabeza. Entonces miraba el reloj, la hora. Marcaba las cinco y tres minutos.

El Intendente vuelve a llamar a las mucamas, apretando un botón bajo el escritorio, pero siguen sin responder. Se sienta nuevamente en el sillón del sueño, pero enseguida se levanta. Enfadado, arroja el libro contra una pared y sale de la biblioteca. Atraviesa un pasillo hasta la cocina, y como no las ve, empieza a los gritos, que si putas, que si chanchas, en tanto recorre de arriba abajo la casa, cada vez más extrañado, dispuesto a castigarlas en cuanto aparezcan.

Pero no aparecen. Ni en la casa, ni en el exterior. Marcha hasta las cuadras y a la casa de invitados. Nada. Cruza el jardín delantero y llega a la garita de los vigilantes. Tampoco están. La rabia va mezclándose poco a poco con un sentimiento indefinido, que va cobrando forma como una figura entre la niebla. Regresa al interior de la casa e intenta llamar por teléfono. Pero no hay línea. Luego comprueba que tampoco funciona la luz. Busca por todas partes su teléfono móvil, sin encontrarlo. Le tiemblan las manos. Su mente comienza a funcionar a toda velocidad y piensa en el embarcadero. Podría escapar en una de las lanchas. Aunque luego recuerda la habitación especial, y corre a la primera planta para encerrarse.

Tropieza en las escaleras y se ríe, atenazado por los nervios. Consigue llegar a la habitación y cierra la puerta. Algo más aliviado, apoya las manos en la pared para recuperar la respiración. Un cúmulo de pensamientos se agolpan en su cerebro. No consigue recordar dónde se encuentra el generador auxiliar. Observa a su alrededor y distingue en la penumbra un mueble con víveres, el intercomunicador y la cama plegable. Si logra encender el generador, podrá llamar a la policía. Una alfombra enorme cubre el piso de madera. Entonces los ve, y su boca se llena de saliva. Los cuatro hombres lo miran en silencio, de pie junto a la portezuela del generador.

—Les daré todo lo que me pidan —dice el Intendente.

Sus palabras son un simulacro. Cuando encuentren su cuerpo estará abrazado a una carpeta henchida de documentos que revelarán cuentas ocultas, transacciones cuantiosas, las pruebas de todos sus cohechos, extorsiones, y estafas. Los medios de comunicación se cebarán con su historia unas semanas, saliendo a la luz los negocios turbulentos, los delitos más oscuros. Y todo su legado, aquel imperio de siglos, se convertirá en polvo y ceniza.

—Un millón de dólares a cada uno —vuelve a decir.

Hurga en sus bolsillos, como si en ellos escondiera fajos de billetes y piedras preciosas. Encuentra en cambio el encendedor de oro. Lo pone por delante de él, con la mano extendida, como si pudiera protegerle. Los tres hombres se acercan, rodeándole. Los ruidos que salen de su garganta, las hojas de los cuchillos destellando en sus manos y el gesto inmutable de los cuatro hombres, le preparan. El Intendente mira el reloj de la pared, mientras los cuchillos penetran su carne, las cinco menos diez, comprendiendo finalmente el motivo por el que en el sueño no podía contemplar su rostro. Porque a las cinco y tres minutos estaría muerto.

Dos proyectos libertarios

Una pequeña grúa va descargando del camión los paneles de color verde oliva y amarillo. Los paneles tienen diferente tamaño y grosor; algunos presentan la abertura de una puerta o una ventana, otros agujeros para el cableado, otros sirven para entramar el piso, todos con aislante especial y un sellado sencillo que los engarza, resistentes a los elementos. Varios trabajadores los van montando sobre los cimientos, encajando las piezas, y así las paredes se levantan, algunas ya van por la segunda altura. Como llovió la noche anterior, el pasto de las veredas rezuma humedad. Los vecinos toman mate y observan. En el potrero contiguo, a pesar de lo temprano, un grupo de niños desdibuja el sonido de los taladros y martillos con una pachanga improvisada. Los perros callejeros campan a sus anchas en medio de la obra, haciendo los trámites precisos para tomar su nuevo territorio. La luna llena sigue anclada al cielo azul y, a unos noventa grados al norte, el sol convoca a las nubes a concilio.

—¿Qué te parece, Leandro? —grita Marcelo desde el andamio.

—Me parece increíble, cabeza —responde Leandro.

La plaza de la villa es un hervidero de personas. Algunas familias han ido ubicándose en los bancos que rodean el potrero; toman mate y facturas, contemplando los avances de la edificación. Las palmeras y los eucaliptos aportan sombra a su plática. El ambiente es festivo, intencional.

—Es un material muy ligero, ¿viste?

Marcelo desenreda algunos cables y deja caer la punta hacia el suelo.

—Prolíficamente barato —añade—. Ya tenemos encargos para dos años, y quieren comprarnos la patente.

Estirando el brazo, Leandro agarra el cable y lo enchufa en una regleta.

—¿Y la nueva máquina funciona bien? —pregunta.

—Va como un caño —responde Marcelo—. Lo engulle todo. Dame un poco de cable.

La nueva máquina es una ecuación social. Cada día llegan a la fábrica diez camiones que transportan diferentes tipos de plástico. Un horno industrial que funciona con biomasa quema el material y lo transforma en paneles constructivos. El reciclaje es la clave, y la construcción de edificios sostenibles el corolario.

—¿Y los libros? —pregunta Marcelo.

—La fundación está recibiendo donaciones nacionales e internacionales.

«*Una biblioteca en cada potrero del país*».

Tres bibliotecas más ya se pusieron en marcha. La fundación que administra Leandro se encarga de cerrar los acuerdos con las autoridades. Serán las primeras de un centenar en Argentina. El movimiento se extenderá a otros países de Latinoamérica, y de ahí marchará a Asia y África. Marcelo enciende el soplete.

—A Omar le encantaría el *slogan* —dice.

—Su sueño ahorita es el de muchos. ¿Cuándo estará terminada?

—Dentro de un mes.

—¿En tan poco?

—El arquitecto se volvió loco cuando descubrió cómo encajaban los paneles. Tenías que haber visto su cara. Hemos contratado algunos muchachos y muchachas para que nos ayuden. Una semana para la estructura. Otra para la instalación de la luz y el agua, otra más para los remates del interior, y la última para pintar y rematar el exterior.

Marcelo sella las juntas de los paneles, que se funden rápidamente. Luego pasa su mano por encima de la superficie lisa.

—Cuando miro este portero, tengo la sensación que toda mi vida comenzó ahí —dice Leandro.

—Y acá estamos de vuelta —contesta Marcelo saltando del andamio—. Escuchá, ¿me darías la revancha, pulguita?

Los amigos se abrazan y se dirigen al potrero. Los niños les prestan el cuero y se sientan a mirar.

—Creo que aquel día tuviste suerte, forro —dice Marcelo—. Vos primero.

Leandro agarra la pelota y le susurra. La pone en el suelo y retrocede.

—Sos un gato, hermano —dice, antes de chutar y colarla por la escuadra.

Marcelo sitúa el balón en el punto de penalti, observa a los niños atentos, a su amigo, retrocede unos pasos, golpea suavemente, y la mete limpia por el mismo lugar.

—Uy —dice, risueño.

Mientras los dos amigos desempatan, al otro lado de villa, la fábrica que dejaron en manos de los trabajadores se ha convertido en una comunidad autosuficiente. Varias huertas se extienden en los terrenos que flanquean las naves, gestionadas por algunos jubilados; y asimismo una granja con chanchos, cabras, vicuñas y gallinas. Todas las instalaciones funcionan con placas solares y un generador independiente acoplado a las aspas de un molino. Los trabajadores hacen turnos de cinco horas de lunes a jueves. Los viernes todos se dedican a generar nuevas ideas para mejorar la producción, solucionar problemas que surjan, generar estrategias de marketing, y hacer difusión del proyecto en las redes sociales. El salario es el mismo y la estructura horizontal, sin jerarquías. Los trabajadores van rotando en los puestos, y así todos aprenden de todo. Reciben la materia prima, la transforman, y ellos mismos la distribuyen. La idea es que algunos obreros marchen a los sitios de construcción para enseñar a los vecinos cómo hacerlo. Con todo, han logrado triplicar los puestos de trabajo, y mejorar los salarios. Hay un remanente económico que se destina a la comunidad. El tendido eléctrico, las canalizaciones, el solado de las calles, las casas, los parques, se reparan o renuevan. Han instalado una antena para que toda la villa tenga Internet gratuito. La fábrica ayuda a las escuelas, con recursos y becas; y organiza eventos culturales y festivos. Una corriente inefable actúa para que otras fábricas adopten su ejemplo. La Fundación de Leandro y la fábrica forman una simbiosis eficaz.

Marcelo la ha vuelto a colocar en la escuadra y ahora le toca a Leandro. A estas alturas el potrero está henchido de gente. Las miradas aguardan. Leandro habla a la pelota, y al instante se la acerca al oído. Cuando apenas unos segundos después, yerra el tiro, Marcelo enloquece de alegría, y comienza a abrazar a los espectadores; corriendo entre ellos, saltando, levantando los brazos. Los niños le persiguen, los perros le ladran.

—Dale, apurate, que perdés el colectivo —grita Leandro, en tanto saca un libro de su chaqueta—. Niños, dejen ya a ese pelotudo y venga acá todos. ¿Quieren que les lea algo?

Por un instante ocurre algo insólito, mejor que ganar la final de un Mundial, más grande que la independencia patria o la consecución de un deseo irresistible, como pilotear una tempestad íntegra, pues la villa asume su identidad y florece por estar asentada sobre el barro.

INDICACIONES SOBRE LOS TÉRMINOS PERTENECIENTES AL LUNFARDO QUE APARECEN EN EL LIBRO

Quería comentar, a modo de cierre, y sin dar otra orientación a los y las lectoras que lo que su propia curiosidad pueda rascar en este asunto, que busquen, indaguen, se sumerjan en las vicisitudes de un lenguaje en evolución, el otro extremo de la academia. Habrán ido encontrando en estas páginas términos volátiles, escurridizos, que únicamente pueden salvar la comprensión por el contexto, y que poseen la fuerza de la venganza. Pertenecen al lunfardo. Pero ¿qué es?

Según el Wikcionario, Lunfardo es:

"Antiguo argot de la región rioplatense, formado por el influjo de las lenguas de los inmigrantes sobre la variante local del español, usado originariamente como germanía carcelaria, pero luego extendido hasta incorporarse en buena medida al lector estándar del español rioplatense. Es distintivo en la música y la literatura de corte urbano de la región, como el tango."

Internet es así; apenas un soplo de información. La falange distal del dedo meñique de un esqueleto de 40.000 piezas desparramadas y no. Pero el lunfardo es mucho más: un hoyo filológico, una convulsión dialéctica, un laboratorio de ideas y sentimientos, una marea irrefrenable de acepciones invertidas, el jazz de las palabras, la voz congénita de los desheredados, de los emigrantes que llegaban a Buenos Aires en barco o que venían a pata desde las selvas y desiertos expropiados, huyendo, amando, conspirando hasta la muerte; fuente de expresividad retórica de los más humildes, de la que bebieron grandes escritores y músicos, donde se abrazan el ácrata, el escéptico y el indígena.

El lunfardo continúa siendo la lengua de la calle en Argentina, la jerga de la villa, del barrio obrero, de la esencia porteña, resultado de la diversidad étnica y cultural de su sociedad, capricho de la esperanza amarga, y de un júbilo coherente.

En España existe el caló. Y en sus semejanzas y conexiones encontramos todas las hablas de los perseguidos, de los segregados, de los que hablan en voz bajita porque deben, de los que no aceptan la autoridad, de los que pretenden cambiar el mundo.

CARRETE